U0695281

彭湃与东山中学

广东梅县东山中学 编

九州出版社
JIUZHOUPRESS

图书在版编目（CIP）数据

彭淦波与东山中学 / 广东梅县东山中学编. —北京：九州出版社，2023.4

ISBN 978-7-5225-1697-4

Ⅰ.①彭… Ⅱ.①广… Ⅲ.①彭淦波（1922-2017）—纪念文集②东山中学—校史—史料 Ⅳ.①K825.38-53 ②G639.285.54

中国国家版本馆CIP数据核字（2023）第051574号

彭淦波与东山中学

作　　者	广东梅县东山中学　编
责任编辑	陈春玲
出版发行	九州出版社
地　　址	北京市西城区阜外大街甲35号（100037）
发行电话	（010）68992190/3/5/6
网　　址	www.jiuzhoupress.com
印　　刷	天津中印联印务有限公司
开　　本	880毫米×1230毫米　32开
印　　张	10.25
字　　数	220千字
版　　次	2023年4月第1版
印　　次	2023年4月第1次印刷
书　　号	ISBN 978-7-5225-1697-4
定　　价	69.00元

本书编委会

主　　编：郭思健

副 主 编：林铭绪

执行主编：张　佳　钟孟科

编　　委：侯名扬　陈凤霞　陈国智　万玉婷

丘晓锋　何会浓　梁　彦　彭　伟

田　良　李雄培

序　言

郭思健

嘉木的生长繁茂离不开阳光雨露的时时滋养，学校的发展离不开广大校友乡贤的热心支持。广东省梅县东山中学即将迎来一百一十周年校庆[①]，走过百年风雨，历尽岁月沧桑，几番涅槃而成遐迩闻名之名校的东中，稳步走在高质量发展的大道上，这令人更加感恩校友乡贤们的倾情奉献，这其中就有我们的杰出校友彭淦波先生。

我虽然与彭淦波老校友接触不多，但作为一名长于斯业于斯的东山人，对淦波先生可谓闻其名如雷贯耳，言其事感佩于心。他虽然已离世多年，但东中校园里的许多地方仍铭记着他无私奉献的卓著功绩、凝聚着他曾经付出的点滴心血。时近一百一十周年校庆之际，学校缅怀贤哲、献礼华诞，组织编写了《东山丛书》之《彭淦波与东山中学》一书，披览书稿，让我更加为淦波先生的赤子情怀和高尚品质而感动。这本书收录了淦波先生撰写的一篇篇展现着他多彩人生和与东中情缘的文章，校友、教职工及媒体对淦波事迹的真情回忆和热情赞颂，还有一些与之相关的珍贵的校史文化资料，可以说是多角度、全方位地展现了一位心怀桑梓、

① 本书校庆均指东山中学校庆。

情牵母校的爱国爱乡老校友的人格精神和品质魅力。我觉得，淦波先生与东山中学的情缘之所以能如此深厚而长久，正在于他身上深载着宝贵的“勇俭爱诚”东山校训精神，他的人生历程因此而留下了许多令人敬仰和感动的故事。

钦佩于淦波先生的勇于进取、敢为人先。淦波先生作为一名旅台实业家，抢抓先机，驰骋商海，事业卓有成就之后，就以过人的胆略，突破重重艰难险阻，回到阔别数十年的故土，不遗余力地为家乡基础设施、公益事业和教育事业捐资捐物，带动了海内外校友乡贤支持家乡各项事业建设发展的热潮。淦波先生是梅州市籍台胞中捐赠大额资金兴办教育的第一人，其气魄胸襟令人赞叹。

感动于淦波先生的勤俭立身、无私奉献。淦波先生虽然事业有成、生活条件优裕，却低调俭朴，带动家人将大量资财投到慈善公益之中，对东中母校的支持尤为悉心尽力，其拳拳之心令人感佩。

崇敬于淦波先生的爱国促统、博爱广施。淦波先生之“爱”，既是爱国，亦为博爱。他早年赴台创业发展，一直坚持民族大义、坚决反对“台独”，坚定支持祖国统一和中华民族伟大复兴，并为之积极奔走。他爱祖国，爱家乡，爱母校，在家乡、在母校都留下了许多动人的佳话，其崇高品格和精神魅力令人敬服。

景仰于淦波先生的真诚热情、淡泊宁静。对于家乡慈善公益事业，尤其是东中的发展建设，淦波先生一直倾情尽力，不但身体力行捐资捐物，建造楼宇、设立奖教奖学金，还不辞辛劳积极奔走联络，发动各地校友乡贤一起为母校建设添砖加瓦。在他的赤诚感染下，一大批校友贤达的捐资出力如春潮涌动，助力东中步入一个快速发展的新时期。而乐善好施、德高望重的淦波先生却淡泊名利，多次婉拒政府、社会给予的各种荣誉称号，其胸怀风范令人钦仰。

文短情长。彭淦波老校友与东中母校的感人情缘难以细述，动人事迹不胜枚举。他毕生心系母校，将母校当作其人生之宝，其实像他这样怀着赤子之心、全心全意地支持关心母校发展的校友贤达，亦是我们东中之宝。其情可贵，其事可珍。编写这本书，也正是通过追念先哲、铭记丰功，启发我们师生更增感恩之心、奋发之志，与关心、支持学校发展的校友贤达们，一起同心协力，不断谱写东中新百年发展的辉煌新篇章！

目 录

第二部分　文载彭淦波

第三部分　诗颂彭淦波

第四部分　立楼立言立奖

第五部分 归宁纪实

第六部分　校友会、校董会机构名单（部分）

第一部分

彭淦波撰文

爱邦恋乡游子情
情系东中赤子心

往事追忆

缘起

1989年9月18日，因旅台石扇同乡及梅北中学旅台校友联谊会，捐资母校梅北中学兴建师生膳厅，款项急需交付使用，故于是日由台赴港，事前邀约梅北中学校长高浪舟先生，前东山中学副校长邓添保兄赴港会面，两位依约来港相会，在港朝夕相处数日。一日，添保兄有“苾光师正着手写《我在东中》回忆录，已写两三万字，校友会经费支绌，印刷费用约需五千元，可否请你想法解决？”等语。我听后便一口应允。并请添保兄回广东后转告苾光师及清祥、锦城兄，从速准备出版事宜。

经过月余，接清祥兄来信，要我捐助一万港元，除苾光师所著《东山回忆录》印刷费用外，如有余款移作《东山校刊》用。我即于1989年11月28函复“遵照办理”，并提供出版浅见数点：

（一）希望于1990年4月1日母校校庆前印好，以便校庆之日分赠来宾及校友。

（二）希用较好纸张。

（三）回忆录插印纪念性照片，希望多方搜集，照片用纸希用道林纸，此纸印图片较为清晰。

信寄出后，于1989年12月10日又接清祥兄于11月22日来信，信中说：“苾光师回忆录已脱稿交来，全文五万余言，题目为《风雨东山》，共分八个部分。行文轻松，生动有趣，处处流露出老师爱护学生的仁慈心肠，在关键时刻，又表现出老师毅然挺身而出，维护学生之凛然正气，使人深受教育。老师为人，不失为师者之典范，高山仰止，令人钦敬。”阅后，我深受感动，回首往事不禁热泪盈眶。信末清祥兄嘱咐我和志平兄寄些有关怀念苾光师之诗文，附在一起更有意义。这是我写此文之动机。

印象

1938年我在母校读高二时，苾光师来校担任训育主任并教我班国文。我在班中学业成绩不算优异，学生活动也不甚积极，算是默默无闻的小兵，连班中的班会都没有担任过什么干事之类的要职，更谈不上班代表、学生会的干部了，所以那时苾光师认不认得班中有一个彭某，我实在不知道，反正是单行道，做学生的认识老师就够了。那时我对苾光师的印象是严肃而仁慈，不爱多讲话，沉静中带有微笑，但一开口必言之有物，说话简单而有魅力，其语言幽默有趣，极有吸引力。

他生活在学生群中，指导学生会及梅县学抗会从事学生落乡宣传抗日工作，那时梅县学运工作蓬勃发展，苾光师功不可没。这期间学校培养出很多出类拔萃的人才，如学长张明生、徐效鹏、卢森文、何孟琳，我班李国超等。他在东中担任训育主任一年半，当我念高三下学期时，老师便离开我们了。为什么离开？到哪里工作？当时无知的我，一概不知道。以后探听才知道，他离开母校是不得已的，而且投笔从戎去了。

不速之客

我的家是在蕉岭县与梅县石扇乡交界的石峰径樟坑村，三面高山包围只有一条羊肠小道，真是穷乡僻壤连狗都不撒尿的地方。不记得是哪一年暑假，下午5时左右，苾光师突然率领七八位男女同学光临寒舍。乍一见面，我以为是梦，想不到苾光师会到我的家“拜访”，真使我惊慌失措。来了那么多人，米饭虽然不成问题，但菜除了自种的青菜外，可说一无所有。幸赖我大哥友兴赶到三里外的地方去买鲩鱼回来做鱼丸，还有什么菜记不清楚，但弄到晚上九点左右才开饭，我想真把他们饿坏了。而想到苾光师心中有我这个学生，实在感到荣幸之至。

夜行军

晚饭后我便跟随队伍一同出发到梅城。那时没有电灯也没有手电筒，在高低不平的小道走了半个钟头才到达公路。在点点星光的陪伴下，一路歌声，一路笑……

一行人从我家出发，到石峰径经石扇直到梅城。我记得苾光师说，我们这算是“夜行军”，还说，一个青年人要有随身三宝：一是笔，二是簿本，三是表。又说夜间行走时为求安全，必须知道地形，凡是白色反光的是有积水的路，黑色的是泥巴路。从我家到梅城应走四个多钟头，中途有无在石扇休息或过夜，我记不清楚了，但这一次的夜行军却永远印在我的脑海中。是磨炼，也是教育训练，后知后觉的我，当时一无所觉，以后才恍然大悟其中道理。

二次相聚

1945年秋我大学毕业后，回母校梅北初级中学任教。当时班中同学有海燕、捷兰等学长。1946年1月中旬，学期考试在即，学生放假自修，我和同事在操场晒太阳，突然校门口进来一位身穿军服、但未戴军帽的老者，审视之下，原来是苾光师。

自苾光师离开东中母校后，五年来，好像都没有再相见，我便询问老师从哪里回来？他说："从仁化率×军后方人员来梅，准备从梅坐船到汕头，然后去台湾。"我问，"可否带我去台湾？"苾光师问："你能去吗？木彝先生（校长）肯不肯放你？"我说，"现在快放寒假，离职没有问题。"苾光师说："如果木彝先生肯放，你又要去，那就一同去，但要在1月15日前在梅城×地方集合。"于是我把学校事务托海燕兄代劳，便收拾行李到梅县县城报到。好像从梅城坐船到汕头，经三日二夜，苾光师和我同一条船，还有班中同学如现旅居印尼的陈佑美学长。到汕头停留等船约七天，于1月27日坐台北轮从汕头开航，1月29日夜抵台湾基隆港，连夜同乘火车于次晨抵达台南市。

到台南后，苾光师把我和佑美、书贤（石明）兄安插在文波学校（纪念粤北战争阵亡师长）。该校系收容战区流离失家的孤儿，施以教育之少年兵，约有六七十人，有小学一年级到六年级。校长由政治部副主任兼任，我负责教务，佑美负责训育。那时台湾光复伊始，需人孔亟，寒假未开学前，苾光师突然告诉我："剑青师接任基隆中学校长，他还在上海候船来台，你和佑美先到基隆去协助办理接收工作。"

师命难违，只好束装前往。经过两个星期才盘点了图书仪器等设备。因基隆雨多，天气欠佳，所以办妥接收工作后便自行返回台南文波学校。剑青师到任后，闻悉我和佑美没有留在基中协助，很不高兴，说："学生不肯帮老师忙，谁来帮忙！"于是我们请求苾光师出面，说明原因，才化解一场误会。

我和佑美兄一面在文波上课，一面又在省立台南女中兼课。台南女中校长有意请我和佑美兄去专任，佑美兄心动，决辞去文波主任职去女中担任训育主任。我当时劝佑美兄说，我们都是随苾光师来台，沿途交通食宿都由文波学校供应，如今一走，对不起苾光师，使苾光师无法向军部交代。但佑美兄仍坚持前往，苾光师亦不阻止，不说一句话，可见苾光师宽厚之胸怀。我却一直留任到1946年秋学校结束。苾光师自己因部队改编而于1946年8月间离台返回家乡，从此一别四十多年。

三次相见

我心里想，今生恐怕不能回桑梓，会变为在台的彭姓开居祖了。做梦也想不到，1987年11月开放大陆探亲，我便于1988年10月率同侄子三人、堂兄一人回乡。经四十三年的岁月后首次踏入养育我的家园，真是百感交集。亲戚、朋友、同学相见不认识，除非自己介绍后，方才知道，清祥和锦城兄因寄有照片，故见面时可以认出。在梅停留数天，于10月18日乘机到广州，事先托纲世、捷兰、松达诸学长代我准备于10月19日中午宴请旅穗老师及东中当年同班同学。是日11时左右苾光师和雄曾、健弘师前来我住的旅社。当我一眼看到苾光老师时，我趋前说了一句“老师”，强忍着百感交集的泪珠，再也说不出话来。我扶着高龄而瘦弱的老师，安坐在沙发椅上。

中午席开五桌，由何孟琳学长主持，再次聆听苾光师之讲话。苾光师讲话的语调姿态、风采依旧，使我又回到40多年前东中上课的梦境中。餐后全体合影留念，这张照片放在我的办公桌上，无事时拿出来看，每每沉醉在对往事的回忆中！

四次拜见

1989年3月底我又回乡，主要是祭祖和拜祭父母亲坟墓。在梅曾参加4月1日校庆，这是我离开母校49年后第一次参加校庆。想不到抵达母校大校门口，受到朱校长及老师同学列队欢迎，旗帜飘扬，鼓号齐鸣，真使我受宠若惊，受之有愧。会上遇见一别40多年居住加拿大的邓广喜学长、在北京工作的邓频喜学长等人。

庆祝大会完毕并参加永芳楼落成剪彩，中午参加餐会，参加者有全体教职员、退休老师及校友。听说共36桌，我知道母校经费支绌，席间我问邓副校长添保兄，如此盛大宴会需多少钱，有无此经费，添保兄回答说：“学校经费不多，但穷也要举行。”我听了以后很难过，便问添保兄，共需多少钱，他说五千元左右。我即对朱校长说：“此次餐费由我和侄钦仕（东中校友）捐献五千元。”聊表报答母校培育之恩。与去年第一次到广州一样，仍托纲世、松达、捷兰、碧江诸学长与孟琳学长联络定于4月8日在广州宴请师友，9日参加梅北中学旅穗校友会会员大会。原定7日下午3时15分乘机到广州，但飞机因天气欠佳而停飞，因8日中午宴请师长、学长，不能改期，不得已另雇中型车9辆，下午4时30分出发，到广州已是午夜两点多矣。

中午席开九桌，济济一堂极为热闹，却不见苾光师，询问以后，始悉住院开刀，出院后在家休养，未能相聚。乃于9日梅北校友会举行完毕，下午约2时由添保、碧江、理章诸兄陪同前往华南师范大学宿舍拜见。他开刀后行走虽然缓慢，但精神仍佳，畅叙约一小时，并垂询我在台家庭情况及经营生意状况，我当然从实禀告，最后与老师、师母合照辞出。在细雨纷飞中前往广州灵塔拜祭无缘相聚与世长辞之海燕、保生兄。人生几何，离聚无定常，痛哉！

祝福

接清祥兄来函，嘱寄怀念苾光师诗文，附录于苾光师所写《风雨东山》一文之后，乃经两天时间苦战，草成本文。除恭贺《风雨东山》专辑刊行外，并在此祝福苾光师：福如东海深，寿比南山高！

（选自《东中校刊》复刊第八期）

梦　圆

一

1989年3月底第二次返梅，4月1日参加母校东山中学七十六周年校庆。这是我自1940年高中毕业离开母校，历经半个世纪第一次参加校庆，心中的欢欣与感慨是无法形容的。离开母校时才不过是18岁的青少年，现在回到母校怀抱时，已是白发满头、牙齿动摇的老头了。时不我待，怎不令人感叹！回忆在校三年，往事一幕幕呈现在眼前，真是往事不堪回首啊！多少尊敬的老师、同窗校友，默默离开了人世，无缘相聚相见；能幸运相聚相见的，历经五十年风风雨雨都已面显皱纹，表情呆滞，没有当年的青春豪气了。

当时，校庆大会结束后，下午承朱校长文澎之雅邀，参加校友座谈会。会议开始，为打破沉默，我随意问朱校长："今后母校有何计划？"没想到朱校长抓住我这个一问，便提出，学校目前迫切需要兴建：（一）体育艺术馆；（二）大礼堂；（三）校友楼；（四）电化教学楼。并希望能在1993年八十周年校庆时完成。与会校友均表赞同，并提出拟倡议书及组织筹备委员会的建议。我想：四项工程经费那么多，钱从哪里来？因为校友都很热诚，我哪敢提不同意见呢？

三个月之后，接到母校寄来的倡议书及筹备委员名单多份，要我分送在台委员及校友，我也被列为委员之一。又过两个月接朱校长及清祥学长来信说："国内各地分会校友及在校师生均热烈响应捐款建校运动，希望境外校友亦按倡议规划同步进行"等语。我曾与在台已知校友数人商讨此事，大家都认为在台校友皆公教人员退休居多，经商致富者绝少，要进行募集港币30万元恐非易事，只好期望其他港澳等地校友和印尼、泰国等国校友了，且四项工程要在四年内完成，那不是天方夜谭吗？此话使我的心凉了半截。的确，想从别人袋里拿钱谈何容易呀！

1989年冬原有到印尼旅行计划，故于12月25日趁圣诞节休假之便，与温带鸿学长到印尼旅游，受到校友侨领及乡贤饶占广、黎次珊、章生辉、陈佑美、彭钦舜、李裕能等热诚招待，众人陪同我在印尼各地参观。其间曾提及有关母校倡议四项工程建设、希望诸位学长发动印尼校友多予捐献、期能完成目标之事，因仅限于交换意见，故尚无结果。返台后益感事情棘手，要达到目标恐非易事。乃于1990年1月底电告朱校长：体育艺术馆由我捐献港元30万元，希进行设计，定于4月1日校庆奠基，1991年4月1日校庆落成。自知财力有限，选择费用最少之工程，借以抛砖引玉也①。

1991年2月接朱校长电告，名闻国内外的爱国爱乡旅港校友曾宪梓先生慨捐人民币100余万元独资兴建大礼堂。这真是天大的喜讯，令人欢欣鼓舞。1991年4月1日七十八周年校庆，“贤士体育艺术馆”落成，同时“宪梓大礼堂”举行奠基，我也在这时有幸认识仰慕已久的学长刘锦庆和曾宪梓先生。

1991年11月15日，第一届世界女子足球锦标赛在广州举行，我受邀参加盛典。预定11月14日到广州，并定11月17日中午在嘉应宾馆宴请旅广州乡贤、老师及校友，那时朱校长文澎已调任深圳华侨城教委兼华侨城中学校长，母校校长由温绍权副校长接任，我便邀请温校长、蓝副校长前来广州参加17日宴会，以便共同研讨兴建工程事宜。又听说旅印尼校友饶占广学长也在广州，便请他参加17日宴会。宴会前与饶学长、温校长一起在会客室商谈母校工程事宜。我说：“母校八十周年四项系列工程已落实其二，尚待决定的是‘校友

---

① 八十周年校庆系列工程项目之“贤士体艺楼”由淦波学长率先独资捐建，已于1991年4月1日如期落成剪彩并启用。

楼’和‘电化教学楼’，不知印尼校友决定捐建哪一座楼？”饶学长说印尼校友希望捐建“校友楼”。我说：“好，一言为定，印尼校友捐建‘校友楼’，旅台校友捐建‘电化教学楼’，请占广兄择日返梅举行奠基。”我拉住占广兄与温校长的手，经此一握，“校友楼”终于在12月2日举行奠基，“电化教学楼”则在1992年4月1日校庆举行奠基。这三项工程在母校校长及有关工作人员不懈努力、日夜督工的情况下，终于在1993年4月1日八十周年校庆前如期落成，作为国内外校友、董事、乡贤献给母校大庆的贺礼。

1993年4月1日从三项工程之落成剪彩开始，举行校庆盛典大会、祝寿晚会一系列的活动，将东山校友及全体师生热情、团结、友爱的东山精神表现无遗。我以筹建委员会一分子的身份，在这里特别敬佩学长曾宪梓先生之义举，感谢印尼饶占广学长策动印尼乡贤及校友热心捐献；感谢旅台校友和乡贤之捐助，旅星校友赖德操学长之热心捐献，让我再说一声感谢与钦敬！

二

曾任东山中学校长及梅县、兴宁县县长的彭精一先生，已是期颐老人。彭老离开家乡已达52年之久，一人独居台湾，子女则分居中国内地、香港及美国。自1988年起，我每年返梅一两次，家乡亲友均关心询问彭老情况，并盼他能返梅一行。回台后与彭老会面时，他必垂询有关家乡情况，我均一一陈述，并转述家乡人对彭老在县长任内拆城、造桥、开辟马路等功绩的念念不忘。我讲这些话，对彭老心中的反应如何，不得而知。1991年1月彭老忽提出返梅参加母校七十八周年校庆及“贤士体育艺术楼”落成典礼，并嘱代办理各项旅行手续。消息传回梅城、广州及梅县，亲友均表示热烈欢迎。但其间彭老亲属及彭老亲朋好友反对彭老返乡者居多，主要原因：一为年届98岁，旅途乘坐飞机、汽车长途跋涉，身体是否适宜？二为大陆虽开放探亲，但政策尚未明朗化。甚至有人劝我，何必冒险，万一发生意外，何以对其亲属及朋友解释？自己心中亦有顾虑。三月初忽接彭老电话：“因怕身体不适应飞机在高空之乱流，故取消返梅之行。”取消原因是否确实如所说，不敢问也不知悉。我和带鸿学长则按计划返梅参加校庆。梅县亲友知悉彭老没有一起回梅，表示失望与惋惜。

1992年间，每次会面，彭老均垂询有关母校近况，我告诉他：“可容纳1 600多人的大礼堂及校友楼、电化教学楼均已动工，并定于1993年母校八十周年校庆时落成剪彩，到时将热烈庆祝。”彭老听后非常高兴，表示到时一定要回校参加庆典，流露出他热爱母校、关心母校之深情，表现出上了年纪的人深爱故园的心意。我当时的心境处在极端矛盾中：赞成？反对？我只好安慰他好好保养身体到时再说。

1992年12月下旬，彭老一再表示，来年3月一定要回梅县。他说：“我的身体很好，心脏血压都经检查很正常。”表现出强烈的返乡意愿。我心想：我能说什么？你的儿女及亲友意见怎样？赞成吗？我只说：“明哥，你想回梅，做宗弟的，义不容辞陪护你回去，但你要好好保重身体！”1992年12月25日因许多杂事必须与母校当局交换意见，故特返梅；回台前我路经香港，会晤彭老在港之次子文盛、三子粤盛及到港度假之五子梅盛夫妇。我当时提出两个必须商讨的问题：（一）关于彭老返乡心意，完全出于彭老自己的意愿，我们并无从旁强邀；（二）今后彭老在台起居生活，必须有亲人照顾，请用人不能解决问题。经其子媳商定：（一）父亲有返梅心意，做子女者没有理由反对，应促成其返回故园之愿望，由台湾经香港到梅县之旅途，请淦波叔及带鸿先生照顾，到梅后由北平四儿东盛及侄女静英（佛山市医院医师）照顾起居；（二）商定由北平四儿东盛办理出境和台湾入境居住手续，以便长期照顾父亲。经此沟通决定，回台后将此告诉彭老，他非常高兴，并嘱代办返梅手续。在此期间发生两件事：（一）某日彭老与用人到银行提款，回家途中不慎跌了一跤，感到腰痛头昏，后由带鸿兄速送医院诊治，检查结果脑部脊椎均无大碍，经一个月治疗，已恢复正常。（二）3月10日接旅行社告知，3月29日由港到梅机票无法购到，情急之下乃电传在港朋友设法购买，并请在港学长刘锦庆等协助购买机票四张，最少亦需二张。数日后得香港电复3月29日四张机票已落实，始解下心中千斤重担。在此谨向锦庆学长致万分谢意。

3月29日8时多，我们一行四人登上飞机，直冲云霄，平稳飞行。从台到梅，彭老均以轮椅代步，神采奕奕，毫无倦态，下午1时许安抵梅县机场。梅州市何副市长万真、梅县黄县长、东中温校长等到机场贵宾室热烈欢迎我们一行。出关后驱车直到东山中学，受到母校师生列队欢迎，鞭炮、乐队、舞狮及同学们的掌声交互齐鸣，响彻云霄，校园内一派热情洋溢的欢迎海洋，我紧闭着双目，默默地想：总算完成了任务。

母校东山中学20世纪90年代四个工程项目的建设计划的

“梦”终于圆了！

百岁高龄的彭老校长回到母校参加八十周年校庆的“梦”实现了！

4月1日校庆日，从剪彩、盛大的庆祝大会，到祝寿晚会一系列的活动中，海内外校友及全校师生在热情、融洽的气氛中，表现了热爱母校的东山精神。尤其是当校长介绍百岁老校长彭精一先生时，全场两千多来宾、校友、师生均起立热烈鼓掌，历时三分钟之久，这种动人的场面，使人们纷纷感动得流下了热泪！

母校全体师生为庆祝八十周年校庆，付出了汗水与辛劳，汗水没有白流，辛劳不会白费，你们的周全计划、热诚接待、周到服务，使海内外贵宾、校友都感到了温暖。这次一系列的活动是完美的，成功的，也可以说是空前的。让我说一声谢谢校长、老师及同学们，是你们给了我分享荣誉的机会。

1993年5月12日于台北市

（选自《东中校刊》复刊第十二期）

《彭精一先生纪念集·序二》

彭老校长精一先生于1996年4月4日在台北市新光医院溘然与世长辞，享年积润105寿。消息传抵海内外，各方亲友学子无不为之震悼！

先生生而睿敏，蕙质天成。早岁就读私立东山中学，每与同学角逐，辄冠其侪，成绩卓异。未几即考进上海交通大学电机工程学系，任学生会会长。时五四运动爆发，先生以学生会会长身份，领袖群伦，一呼百应，磅礴之风，沛然莫遏。1923年学成返乡，任母校东山中学校长，历时五年。任校长期间，潜心教育，励精图治，精聘名师任教，锐意栽培新秀，扩建校区，增充设备，从而校务日蒸，声誉日著。旋因学校被诬封闭，乃与同学好友叶剑英（时任国民革命军第四军教导团团长）同谘省教厅当局，申诉冤情后始得以复校。1931年起，相继就任梅县、兴宁县县长，任内关心民瘼，兴利除弊，拆城墙，扩街衢，修公路，筑桥梁，大兴公共设施，广修文化古迹，致城区面貌一新，黎庶安居乐业。此诚先生千秋之伟业，百世之功德也。此后数十年间，虽辗转颠簸于海内外各地，相继出任各方重职，或从政，或从教，均秉公办事，和不失正，谨小慎微，从不骄夸；宅心仁厚，待人忠恕，对于横逆委曲，均泰然处之，安之若素，清心寡欲，愉快乐观，故能龄超期颐之寿，安享晚岁康宁之福，所谓“仁者寿而康”，先生当之无愧也。先生有五子二女，均已卓立，就业亚、美，建树殊丰，玉树芝兰，荪枝挺拔，满门俊秀，凤翥鸾翔。自1958年9月定居台湾后，其儿孙辈均能于节假日从各地相约赴台，曲意慰询，极尽天伦之乐，真可谓是神仙中人！

尤令人为之振奋者，1993年3月29日，先生以百岁高龄之英姿，雄飞海峡，毅然返乡，重游阔别五十多年之故里，思乡之情，洋溢于言表，梅城乡亲，夹道围观百岁老人，欢声雷动，堪称一时盛事。同时，还参加4月1日东中母校八十周年大庆，在千人庆祝大会上侃侃而谈东中校史，被传为一桩旷古珍闻，千秋佳话！

为缅怀先生之伟绩丰功，追思先生之高风典范，东中母校校长和校友会同仁决定出版纪念集，列入《东山丛书》，以垂永念，推序于余，并嘱负责汇编。余不文，实难当此重任。然幸及游东山之门，又忝属宗亲之末，杖履追随，謦咳亲承，高山景行，受教独多，不佞焉敢固辞？乃勉撰此短文，并四出广辑先生之遗著、图片、年谱，有关领导、乡贤、学子之褒奖、题词和纪念诗词文章等，几经筛选编成本集，以期能表彰先生盛德于万一。至于妍媸瑕瑜，能否达意？在所不计也。是为序。

1999年9月9日谨序于台北市寓所

（选自《东中校刊》复刊第二十期）

旅台校友会编《东山荟萃》之《补记》

（1）《东山荟萃》主编李士涟，是梅县隆文人，毕业于前广东文理学院，到台湾后在台糖公司任职，后任秘书。伊尊翁李吐麟曾任梅县县长，东山书院后面东山岌一片土地，即由其任内拨给东山中学所有。

（2）在台校友每年校庆均集会庆祝，校友因为散北、中、南部，所以参加者以北部（台北县市、桃园县）较多，但老校友彭精一、张炎元、潘焕昆、谢森中、何剑每次必参加，张炎元校友并讲述校史及读书状况，投考军校经过，校友听得津津有味。

（3）在台校友最多时有227人，到目前亦存100多人，但都年过七十五，有的行动不便，所以近年召开校友会到会者只有40人之则。

（4）所列校董校友14位将军在《荟萃》停刊后，还出了一位中将林荣祖。林中将是蕉岭县人，现居美国。另一位校友谢森中升任“中央银行”总裁，在美逝世。

1940届彭淦波于2006年9月

（选自《东中校刊》复刊第二十六期）

深情回顾

——七十六周年校庆会上的讲话

校长、各位来宾、老师、校友、同学：

今天我感到很高兴，也感到很荣幸，因为今天是我的三个第一。

我离开母校49年第一次参加母校校庆。

我是旅居台湾校友第一个回来参加校庆的。

我生平第一次在这么多人的场合上台讲话。所以感到高兴、荣幸，也很惶恐。

记得我在进入高中一年级的时候，校长是萧木麟老师，适逢校庆，前任校长冯引士老师当时担任梅北中学校长，以来宾身份讲话。第一句话说：“今天是东山中学校庆的日子，在西洋4月1日习惯是愚人节，所谓愚人节是骗人的节日，所以我今天讲的话可以不算数。”今天我也套用冯校长的话，我说错了话，也不算数。

年轻人要向前想，向前看，向前进。年纪老的人，没有资格了，只有回忆往事，我便是其中之一。在母校高中三年的学习生活中，值得回忆的事情实在很多，三日三夜也讲不完，现在就谈谈其中几件：

一、记得在1937年，抗日战争开始不久，校友叶元帅从武汉写一封信给木麟校长，校长把信贴在布告栏内。我记得信中有一首诗，其中有一句是“回忆东山风雨，渺若江河”，这是指1913年由叶元帅领导的东山学潮，意思是当时的学潮算不得什么，非常渺小，现在我正向大洋大海似的国家前途努力！可看出叶帅气魄的雄伟，眼光之远大。

二、当年母校训育主任廖苾光老师曾经写过一首描述东中风情、生活的诗，那就是：“周溪的清流，长堤的绿影，东山岌上的早晨，千佛塔下的黄昏。”周溪那时水很深很清，我们都在沿岸跳水、游泳。长堤一边是河，旁边种很多树，课余饭后，我们三三两两在那里散步，但都是男的跟男的，女的跟女的，没有男女同学一起散步。那时女同学很少，也不敢与男同学散步。每天早晨住宿的同学在三棵木棉树下集合，跑步到足球场，即今日的钢铁厂，在那里做体操。每天下午课余，同学们便在东山岌运动。那时，从现在大家坐在这里开会的阶梯教室起，沿U字形左边直到宪梓图书馆一带是篮球场、排球场、网球场、器械操场，喜爱足球的则到足球场参加各种比赛，如班际的、凑合队的，等等。全校数百人都在运动场活动，锻炼身体。

三、抗日期间，为扫除文盲，宣传抗日，东山母校学生会在附近农村设有夜校。当时学生会会长李国超同学叫我去周溪旁主持一个夜校，学生有六七十人，走路约需40分钟。那时没有电灯，每天晚上七点左右便手持一盏煤油风灯去上课，约九点半完毕回校。一个人需经过一段很长的乱葬岗。

每当风大下雨时，一个人经过那段路，心里总是很怕，虽然我是无神论者，也看了数本唯物辩证法的书，但当背后风吹草动时，也不免回头看看是否有鬼。

四、母校教学严格，经常举行考试。我记得田一石老师举行考试时，他站在台上，不时念念有词："喂！不要偷看，不要以为我看不到。"所以母校考试的情景时常印在我脑海中。在台湾不时做梦举行考试，但都不会做，尤其数学，那时自己后悔为什么上课不好好听老师讲解，考试前不温习功课，致有今天不会做，心里一急，冷汗直流，惊醒后才知道原来是一场梦。

五、我从小学到大学整个读书过程，最值得回忆的是高中阶段。因为小学是贪玩游戏时代，初中智力方起步，大学则是上完课各走各的路，毫无关系。而高中则不同，智力正向前发展时期，学习在这里，生活在这里，朝夕相处，感情自然发生，所谓日久生情，所以母校在我一生学习生活中最值得回忆。因为时常回想东中母校的一切，所以我的头发都想光了。

在台湾有母校校友180多人，最年长的彭精一校长今年95岁，最小的也有60岁以上。校友每年聚会三次；一次庆祝母校校庆；一次在八月中旬为彭校长祝寿；一次在年底为张炎元校友祝寿。每次集会校友们都首先谈论母校消息。以前的消息都是由从香港、南洋来台湾的校友口头传达的，均是片段消息。自从母校校刊出版后，每期均有收到，彼此传阅，对母校状况有较深刻的了解。在台校友对母校都很怀念，尤其知道母校为重点中学后更觉高兴、光荣。但在前一段时期也曾增加在台校友的不少麻烦。那时如有人问：你是哪一间中学毕业？只好细声说："东中。"但现在则敢抬头大声说"东中"了！

记得幽默大师林语堂先生说过一句话："演讲要像女子穿迷你裙一样，越短越好。"我说了一大堆，幸好校长没有限制我的时间，不然到时按铃警告，那我便心急不会说了。

在母校校庆的今天，我恭祝母校天天壮大，年年发展。我希望在母校八十周年大寿时，在台校友能组团回校庆祝。

最后谨祝：我们母校团结、亲爱、前进，大家身体健康！同学学业进步！谢谢。

（撰写人1940年离校）

（选自《东中校刊》复刊第六期）

在七十七周年校庆会上的讲话

校长、老师、各位贵宾、校友、同学：

在两位尊敬的廖老师、李老师面前，要我讲话，我这个做学生的实在不敢班门弄斧，但校长的"命令"我又不得不服从，所以只好硬着头皮上台。

客家以前有句俗话说："叶伯母的鸡会去会转。"我三度出去又三度转回来，我感觉到家乡的泥土格外芳香，家乡的一草一木异常亲切，家乡的亲朋好友热情友爱，所以我出去以后，一直想回来。树高万丈，叶落归根。我一直在想，如果许可的话，能永久住下来多好。

我在外面听过一个张九祥太公的故事。故事是这样的：张九祥太公系梅江桥背人，家庭富有，但每次出梅城，都把布鞋一扎楔在腰裤带上，坐渡船过了梅江上岸洗好脚才穿上，回来亦如此。所以他的鞋是破在鞋中腰，拿去补叫“搭腰掌”，我们的鞋是搭前掌及后跟。有一次他带着孙儿赴城，回来在码头看到有卖鲩鱼的，只剩一条。他问卖多少钱一条，卖鱼者说两毫子，他正在考虑出价，望能便宜买到。正在他左嫌右拣时，突然有一个打赤膊拿担竿的人到来一问，是两毫子，便付款把鱼买去了。张大公不禁大惊，望着赤膊者的背影发呆。回家途中，张太公问孙儿，到梅县县城看到了什么？他孙子说：“我看到两个生死佬。”张太公说：“在哪里？我怎么没有看到？”孙儿说：“一个是有钱不会用钱的生死佬，一个是没有钱拼命用的生死佬。”张太公才会意是在笑他。所以一个人有钱不用，等于没有钱一样。有钱要用得有目标、有价值，像香港的刘锦庆、曾宪梓、李信章诸位学长，有钱也会用钱，数年来对家乡做出巨大贡献，造福桑梓，最令我钦佩。我不是企业家，也不是什么富翁，我不过是没有钱但敢用钱的“生死佬”。

过去的社会是以金钱为中心的社会，现代的社会系以人为中心的社会，人可以决定社会的进步与繁荣、富强与安康，即所谓“干部决定一切”。中国地大物博，资源丰富，拥有世界上五分之一的人力资源，如果全世界的中国人在同一时间，在地球上用脚跺一下，我想地球也会像地震一样摇动，世界各国都会惊慌失措。所以我想全中国的人能够团结一致，朝着共同目标前进，地不分东西南北，人不分男女老幼，每个人站在不同的岗位上为国家付出努力，我想21世纪将是中国的世纪。

客家人是中原人。记得以前有一位潘光旦教授说，我们客家人有刻苦耐劳的精神，有不屈不挠向前迈进的勇气，如果能以宽广的胸襟，团结合作，我相信21世纪不仅是中国人的世纪，也是客家人的世纪。

今天是母校七十七周年纪念日，再过三年便是八十周年。刚才听到校长说："母校为全省重点中学，现有师生近两千五百人，却没有一个能容纳两千多人的大礼堂，给学校教育带来很多不便。"我在这里大胆提出筹建八十周年纪念大礼堂的建议。集合我们海内外乡贤和数万校友力量，我想只要大家努力，一定可以完成。希望校友会定期举行座谈会，商讨募款事宜，我这个没有钱的"生死佬"可以跑脚出力。

我毕业于1940年秋天。今天从各地回来参加校庆的同班同学共有20人。我们的班定名为"焱社"，1939届的定名为"轰社"，都是请廖老师定的。"焱社"象征书院门前三棵木棉树于阳春三月怒放的木棉花。木棉花也叫英雄树，所开的花叫英雄花，三个"火"象征着我们火红的热情和高挺不屈的精神。现在我请"焱社"全体同学起立：

向我们尊敬的廖苾光、李志侨老师致敬！

向母校校长老师致敬！

向各位贵宾致敬！

向各位校友学长及同学们致敬！

在初中时我看过《薛仁贵征东》章回小说，其中说到唐朝有位开国元勋叫程咬金，他使一板开山大斧，招式只有三下，三下使出，不是敌人斧下死亡，便是自己败落，那时他便调回马头就跑。我也只有三招现已使完，所以只好鞠躬下台。谢谢各位！

（选自《东中校刊》复刊第九期）

在七十八周年校庆会上的发言（摘要）

校长、各位贵宾、老师、学长、同学：

记得第一次参加母校七十六周年校庆时，我曾说过，我有三个第一。今天，参加七十八周年校庆，我又要说，我有三个第一。

我连续三年参加母校七十六、七十七、七十八周年校庆，我想这在旅外校友中我是第一个人。

连续三年捐款支持《东中校刊》的发行，我想，我也是第一个人。

连续三年校庆被校长请上台讲话的，恐怕我也是第一个人。

我长期经商，胸无墨水，但也高兴地上台讲话，这大概是受母校“爱校传统”精神的熏陶吧！

1989年，我第一次参加七十六周年校庆后，母校小记者采访我，畅谈了一个多钟头。1990年4月校庆，我又高兴地与母校“新芽社”小记者们见面畅叙。我鼓励他们要继承发扬：（一）母校传统的革命进取精神；（二）优良的勤学苦练学风；（三）师生团结互爱精神；（四）创新及坚韧负责的精神。

最后，我对小记者们说，一个人不能忘本，要爱国、爱乡、爱校，要尊敬老师、孝顺父母、敦睦亲朋好友，这样，社会才能和谐、进步、繁荣。也许我的思想有封建主义色彩。我不知道它与唯物社会观有无违背，如有的话，今天是4月1日，在西洋人来说是“愚人节”，讲错的话可以不算数。

1940年高中毕业的"焱社"同学，从北京、武汉、福州、广州、汕头等地回来参加校庆的共有10多位。现在请"焱社"同学起立，让我们齐声高呼：

发扬东山中学优良传统！

校友团结爱护母校！

向劳苦功高的老师们致敬！

东山中学永葆青春！

我的话到此结束。谢谢各位。

（选自《东中校刊》复刊第十期）

在七十九周年校庆大会上的发言

1989年4月时我第二次回乡，参加了母校七十六周年校庆，那是我1940年高中毕业后，经过49年岁月，第一次回到母校参加校庆，承蒙当时朱校长热诚款待，中午在华侨酒楼聚餐，听说席开36桌。相聚一堂，友情洋溢。学校下午举行校友座谈会，邀我参加，既然酒足饭饱，我不好意思把嘴一抹开溜，便依命准时到达，参加开会。开会时为打破沉默之会场，我便随便询问说："母校将来有何计划。"这是家常应酬话，没有想到朱校长便把握这个机会，提出了为庆祝八十周年校庆，计划兴建急切需要的四个层次的工程：（一）体育艺术楼；（二）八十周年纪念大礼堂；（三）校友会楼；（四）电化教学楼。经多方说明，研究及讨论，决定4月4日举行第二次会议。

我心里想因为一句平常询问的话，闯下了大祸，4月4日开会时，参加校友发言踊跃，多主张立即写倡议书、组织筹建委员会、制订奖励办法等，我那时想打退堂鼓也不可能了，只好硬着头皮，举双手赞成。心中也在盘算，东中有三万多校友分布海内外，应该不会有很大问题。回台以后于9月间便接到母校寄来的倡议书，工程费用是很大的，我把倡议书分别寄给在台东山校友，不少校友当面或打电话说："彭淦波你好大胆，这么多工程，这么大的费用，你向谁去募捐，你有骨头未去捐献。"这时心里才发慌，心想钱在别人袋里，不拿出来，你有什么办法，不要说四个工程，就一个工程都不能完成，那真是闹笑话。自那时起，心中一想到那四项工程，便吃不下饭、睡不好觉，只好厚着脸皮写信给印尼、新加坡等地校友，希望他们努力协助完成。

经过了四个月，各地毫无反应，只有大陆校友热烈响应捐献。1990年1月为了抛砖引玉，我便写信给朱校长，体育艺术馆于4月1日七十七周年校庆举行奠基，到1991年初接朱校长来信说：香港爱乡爱国企业家曾宪梓校友应允独资捐献八十周年纪念大礼堂，定于七十八周年校庆举行奠基。真是件大好的消息，令人兴奋。1991年9月我又回梅，印尼校友饶占广学长听说我回梅，特别延期两天到广州，在校友座谈会中，我问饶学长，印尼校友决定捐建校友会楼还是电化教学楼。台湾校友想捐建校友会楼，饶学长一听便说，印尼校友也想捐建校友会楼。我说只剩下两个，由学长决定我照办好了。1991年11月第一届世界女子足球锦标赛在广州举行，大会邀我前往参加盛典，那时我与温校长约好，在广州见面，到了广州听说饶学长还在广州没有回印尼，我便于11月17日中午邀请饶学长前来参加宴会，宴会前在我住的嘉应宾馆请饶学长及温校长共同商讨校友楼兴建事宜。温校长说："校友会楼如果不早一点兴建，恐怕1993年八十周年校庆不能完工。"我问定什么日期举行奠基，饶学长说："由学校定期举行奠基就好了。"我说："不行，印尼校友捐建的，总要有印尼校友代表参加奠基才隆重、才有意义，这样好啦，在你未回印尼前再回梅一次举行奠基。"他说："待足球赛于11月30日完毕，由学校决定日期通知我，即回梅参加奠基。"我立即拉着温校长及饶学长手说："一言为定！"结果于12月2日举行奠基，由于此一奠基，校友楼建筑经费，便落在印尼校友身上，剩下的电化教学楼则于今天举行奠基。至此，90年代母校四个层次的工程均已举行奠基，并于1993年八十周年校庆日落成，为母校八十周年校庆之献礼，如果不是怕肥的话，我现在每餐可以吃三大碗饭了。

由以上报告可以证明：

（一）海内外校友都热爱母校，愿为母校贡献力量。

（二）做任何一件事都会有困难，只要有恒心，团结合作，一定可以达到目的。

我想母校一定还有第二个四年计划，那时候希望各乡贤、各校友、全体老师、同学再发挥一次爱我东中精神。有人给我戴高帽子，说我给母校出钱出力；有人笑我傻，东山又不是我的，把出的钱拿来自己用多好，我越来越迷糊了，究竟谁说得对！有人说外国的月亮比我国圆又亮，很多人想移民到美国、英国、加拿大等国，希望拿到居留证，变为外国人，我却持不同意见。

台湾的同胞亦是如此，人各有志，无可厚非。许多像我这样年纪的人，也许因为子女在外国，所以办移民去同住，但也有崇洋心理作怪，用钱去移民，感到有面子。所以在言谈之间，彼此有不同看法，容易发生善意的争论。我也有资格拿到美国的居留证，但我一直没有到美国居住的念头。因为我感到以往所学的英文，早已交还给田一石老师了。所以讲、听、写全忘了，听不懂是聋子，不会说是哑巴，看不懂是瞎子，等于一个废人。除了星期六、日由子女陪同出去外，其他日子都关在家里看天花板，渡方步，度日如年，何苦呢？因语言不通，生活习惯不同，移民到美国又回来台湾住的人多得很，我极力主张与其到外国住，不如回家乡住；到外国旅游，不如回大陆旅游。大陆文化古迹、名山大川多得是，百看不厌，而且可以闭了眼睛都不会走错路。外国是少年人的天堂、青年人的战场、老年人的坟场，外国社会是现实的、无情的，景气好时，雇用你，景气不好时，随时可以叫你走路，毫无职业保障。在那里工作所受的压力，生活的紧张，没有经历的人是不会想象得到的。年轻的同学，大学毕业后到外国去深造，我很赞同，但学成后留在外国不回来，我则不赞成。中国正在进行现代化建设，需要很多科技人员、工程师，身为中国人，应该为祖国发挥个人的智慧与力量，为建设一个现代化的国家而努力。拿破仑曾说过：“中国，那是一只躺着的睡狮，让它睡吧，因为它一旦醒来，就会惊动全世界。”现在的确睡狮已醒了，但是要以什么方式去惊动全世界呢？那就需要我们海内外中国人，团结一致，地不分东南西北，人不分男女老幼，共同发出热与光朝着一定的方向努力前进。

我爱东中母校，希望东中成为全国有名的中学，东中毕业的同学都能考进全国有名的大学。

我更爱中国：希望中国成为安定、繁荣、强大的中国。

谢谢各位！

（选自《东中校刊》复刊第十一期）

在颁发“彭湃波奖学金”会上的发言

校长、各位学生家长、各位同学：

今年的奖学金颁奖会，我有事顺便回来参加，这种奖学金大家了解，礼薄义重，刚才站在前面的同学，我算了一下，除了没有到的以外，一共是13人，男同学6人，女同学7人，看来还是女同学的比例大，可能女同学学习比较认真。但是，我是男人，我希望男同学要为我们男子汉争气，明年统考时，我们东山中学母校高三的同学能拿文科、理科、外语科的状元，如果钱不够我再发，但我希望不要为奖金弄坏自己的身体，刚才站在前面的一位同学好像身体比较瘦弱，这样不好，我希望大家要锻炼好身体。我今年4月曾到黄山旅游，吊车停电，我便从山脚下一直爬到山顶，行了四个半钟头，自觉良好。我认为学习重要，可是身体更加重要。希望大家能注意锻炼。我很注意锻炼，每天早晨五点起床运动，我的运动是没有老师教的，有单杠、双杠、举重，所以我今年70岁，要走走路还挺可以。希望大家注意，目前国家要有大批身体健康的人才，国家才能够强盛，我希望东中母校学生，能够多作努力，为中华民族、为国家努力。

谢谢各位老师！

（选自《东中校刊》复刊第十一期）

为八十周年校庆题词

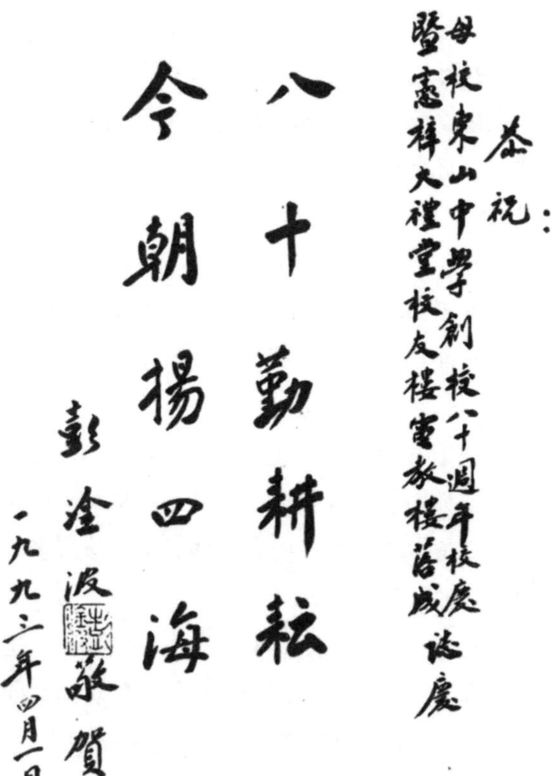

（选自《东中校刊》复刊第十二期）

在八十四周年校庆大会上的讲话

校长、各位嘉宾、各位学长、各位同学：

校长十分爱护我，用一句阿姆话来讲，他十分惜我。昨天下午三四点钟才通知我，要我讲话。我感到愕然，噢！你早应该告诉我呀！秘书还在台北，如果他在这里，还可以帮我的忙，我怎么来讲呢？我心想4月1日是母校校庆的日子。西洋人的4月1日是愚人节，所谓愚人节，像我讲话属没准备的，假如讲错了话，当作没算数。

今日母校举行建校八十四周年、叶帅华诞一百周年庆典。叶帅是母校的学长、建国元勋、十大元帅之一。你们想一想，十大元帅，梅县有一个，且又落在东山中学，我身为东山校友感到非常高兴、光荣！他一生为革命奔波，为新中国的建立，立下汗马功劳，他毫不自私、不争权、不夺利，这种大公无私为国家、爱乡土、爱民众的精神值得我们每个校友学习、模仿。我觉得我作为叶帅后辈应该多多研究叶帅精神，效仿叶帅做事。

母校建校八十四周年。我离开东山是1940年，也是1940年毕业的。今天母校校庆，1940届有一个庆贺团，同班同学回母校来了。我相信40年以前的1939、1938届会有人回母校，但没有组团回来，而1940届组团回来了。1988年我第一次回母校，看到母校过了几十年还是那么的破旧。1989年第一次参加母校校庆，那时是朱文澎任校长，校庆宴会后，朱校长召开座谈会，会上朱校长提出庆祝八十周年校庆四个系列建筑计划：（一）体育馆；（二）大礼堂；（三）校友楼；（四）电化教学楼。我刚刚回来，有点吓傻了。听到大家同意、举手，我也举手。后来听到国内很多人评论：嘿！这，那么容易！那么多的钱，哪里来？！经过朱校长和现任温绍权校长二人的努力，终于在八十周年纪念之日四项建设工程完工了。

尔后，温校长胸中还有他的三个工程计划，那时我和温校长商量："你这三个工程要做得好呵！做得好，大家才会从荷包里拿出钱来。"结果三个工程做得非常完美，旅印尼校友李昆章学长看到校友楼做得那么好，在八十周年庆典会上宣布捐建科学馆。以后黎次珊校友也捐建教学指挥中心。剩下来的是破旧的南康图书馆。去年10月我回梅县，旅印尼章生辉校友也回来了，温校长请我们吃饭。饭后，我和生辉先生说："嘿！东山剩下一个龙穴，东山U字形左右两个抄手：大礼堂、南康图书馆，地点十分好！建起楼宇，你的生意一定十分好！不做呀，以后没机会，你想出钱都没机会。"他说："我考虑考虑。"温校长对我说，可能没希望。我说你放心，考虑考虑便有百分之五十的可能。结果，三天后生辉先生通知温校长，决定拆建南康图书馆。我听到后高兴，但温校长又十分爱护我，他说："既然生辉先生拆建南康图书馆，你就来建体育看台及体育中心楼。"我想既然校长讲了，那我就满口应允吧。

从1990年至1998年，我统计了一下，这三项工程完成的话，八年中海外校友建8个工程，我们梅州各中学恐怕没这样的情况吧？但大家出钱捐建8个工程也要母校校长、老师、同学共同努力，使校友们有向心力，这不单依靠海外的力量，还需要国内的校长、老师们共同努力。以后母校进入全国千所示范、百所强校是我们的目标。

我们了解学校除需要校友们捐献外，还需要校长、教师们教学上的努力。现在所缺的是游泳池，游泳池也必然有希望在2000年以前实现，我们能建5×5、8×8、8×10（单位：米）的游泳池，才能进入千所、百强行列，这是一宗硬件建设条件。我们的目标一定能达到。

刚才我听到国歌，国歌是1937年我在东中念高一时就唱的，那时这首歌叫《义勇军进行曲》。我听到这歌词，内心感到回到16岁了。我们每个人都得保持心理年轻，为教育前途共同努力，这是我终生的希望。我个人小小贡献不值得一谈，要大家群策群力！

谢谢各位。

（根据讲话录音整理）

（选自《东中校刊》复刊第十七期）

在八十五周年校庆大会上的讲话

校长，各位贵宾，校友，老师，同学：

首先我要祝贺次珊学长、生辉学长新建的纪念楼落成，同时，极为高兴的是，我们的学长、闻名全国的宪梓先生能够来参加校庆庆典大会。宪梓先生是我一生最钦佩的学长之一，他对全国各地的捐献十分多，我不过是他的一万分之一。我若是还年轻的话，我一定要向宪梓先生学习。不过，我已经到了不留餐之年，只能有生之年多向宪梓先生学习。

（热烈鼓掌）

十年来，我有四个十的巧合。

第一个十：十年来，我算了有十个建设，第一个是叶元帅铜像、校友楼、宪梓大礼堂、电教楼、八五祝如纪念楼、豪勉体育中心、大型运动场改造看台工程、体育艺术馆、李昆章科学楼、雪云纪念大楼。

第二个十：《东山丛书》从我发起到现在，由我出资出版的是十部（丛书之十一、十二由作者自行出资），总之也是十。

第三个十：旅台湾校友和乡贤在母校设立的奖教、奖学金也是十个。

第四个十：我从1989年首次参加母校的校庆到今年又刚好十年，这十年没间断过，当时我说过我连续参加校庆，我要打破海外校友参加东山母校校庆的“金氏纪录”，我相信已经破了纪录。

母校的建设，十年中突飞猛进。但是，这里面蕴含了多少人的血汗！同学们要记住，新的建设并不是花瓶，并不是给人看的。建设一定要有硬件，也要有软件，同学们应当将这些作为充实的工具。我希望母校的领导应当多注意学校的各个建设的管理和维护。不是做好了放在那里供人看，供人观赏。所以，我希望学校的领导、市委、市政府的领导能够多多充实学校的设备，这才不辜负海外校友捐献的一片心意。

我有两个希望：一是我们的母校能够跻身全国千所示范学校、百所强校之林。我想过，也和学校领导商量过，东中要达到进入千所示范、百所强校的行列，硬件建设还缺什么？缺一个游泳池。学校的领导有难言之隐，所以今天我在这里特要求谢书记和市政府能够拨款兴建这个游泳池（经久不息的掌声），或者请热心的校友独资或合资兴建亦可以。

第二个希望：东山校门前的周溪，我们在这里读书时，在溪中可以游泳、戏水。我十年回来很多次数，周溪河却越来越脏乱，大概是很多人坐汽车经过时看不见或没注意到，我通常是走路来母校，走多了，所以看得清楚。建议大家驻足看一看，河里面倒卸的煤炭球、废物，甚至猪粪，污染河道和环境呵！现在政府正推行环境保护，我希望东山的周溪能恢复过去一样的清流（热烈鼓掌）。我希望这一地区不论是哪一个单位管的，抽空去巡视一下，东山中学那么漂亮的校园、课堂，而东山门前乱七八糟。对同学的教育会有负面的影响，这是我不情的要求，希望有关领导原谅我！

我讲话很率直，现在我希望和要求每一个人要讲真话，要做真事（鼓掌）。答应人的事情，再忙都要实行，不能办的事，就不要答应，不要到其时推诿，希望我们东山中学应该起示范作用，讲真话，真做事，这也是国务院朱总理所要求的。再一个希望，希望我们的校友再过五年能够参加母校九十周年校庆，祝大家长寿，到时一起来参加。我相信后面还有好些校友、嘉宾要讲话，记得林语堂幽默大师讲过一句话，他说：讲话要像女生穿的迷你裙一样，越短越好。

好了，我的讲话到此为止。

谢谢各位。

（选自《东中校刊》复刊第十八期）

在八十七周年校庆大会上的讲话

各位嘉宾、各位领导：

本来不打算讲话的，现在我只从《东山丛书》讲起。

丛书1943年出版了第一卷《榕园琐录》，中断了50多年。从1991年第二卷《风雨东山》到现在已出版了十六卷。在这里，我要提醒的是，《东中校刊》从复刊到现在出版了19期，每期内容都有改进。校刊在联系海内外校友对母校的感情上起了很大作用，不管内容符不符合大家的口味，但我相信，《东山丛书》和《东中校刊》在全市、全省、全国来说，恐怕到现在为止没有一所学校能继续出版。这也是东山精神的一种表现。我感到东中校友会的老师为了《东中校刊》，为了《东山丛书》付出了很大的心力，从选稿、审稿、编辑校对、排版、设计到寄发等一系列工作，夜以继日，绞尽脑汁。我请求：让我们以热烈的掌声对校友会的老师、编辑委员、相关工作人员的辛勤劳动表示感谢。

今天举行母校建校八十七周年庆典大会，我没有美丽的献词，我只是对为编辑出版校刊、丛书的校友们、老师们再一次表示崇高的敬意和衷心的感谢！请校友会诸位老师继续耕耘，我一定会支持的，谢谢！

（选自《东中校刊》复刊第二十期）

在八十八周年校庆大会上的讲话

校长、各位嘉宾、各位老师、各位同学：

首先，恭喜何中华先生捐建的新校舍落成。我以台湾校友分会代表的身份，感谢何中华先生对东山母校的贡献。

1987年台湾开放回大陆探亲后，我于1988第一次回来，到现在回了多少次我忘记了，大概有三十几次吧。1989年，那时还是朱文澎先生任校长，我第一次参加校庆，到现在是第十三次参加，从来没有间断。（热烈鼓掌）

我是1940年毕业的，毕业多少年我忘记了，因为我要忘记自己的年龄，但是我想我能到达二十世纪末，能够跨到21世纪，作为一个东山人，我们有三个永远不能忘记的：一个状元桥，一个三棵木棉树，一个东山的U字形，我们永远不能忘记这是东山的象征。今天，我能够跨到21世纪，看到东山母校能够完成这U字形的建筑群，我感到非常的高兴，感到非常的满足。

今天是母校建校八十八周年，也是通常说的米寿，而我只有上半部分，少下半部的两撇，所以，我能活到母校八十八周年的上半部，我也很满足、很高兴了。在台湾，“88”定为“爸爸节”，所以今天我希望在座的女士们能原谅，就允许将今天的八十八周年当作爸爸的寿庆。在香港，很多人的车牌号、电话号都要有“88”两字即“发发”，母校的“88”校庆也象征着“发发”（掌声）。我家的电话2262688，也有两个“8”。“26”又是什么意思呢？我想是遇到有路就发[①]，但是56年我没有发[②]，大概我的运气还没有到来。母校去年的成绩很好，全市17个人800分以上，我们母校占了7个人，我很高兴，但是跟朋友说起时，讲起母校顶呱呱！“哎呀，不见得，”他说，“全梅州市顶尖的学子都给你东山中学招去了，应该考得好嘛。”

我不敢跟他辩驳。我想，如果顶尖的学生到了东山中学，没有好的管理，没有好的老师，没有好的设备，不见得会教出一个好的同学，好像我有鱼翅、燕窝、鲍鱼，但厨师没有很好的技术，做出来的菜还是不好吃。但是，我不敢反驳，因为我是东山人，他不是东山人。所以，校长、老师、同学们，你们的辛苦血汗不会白付，能够出7个800分以上的学子，同时能考上清华、北大，这是东山的光荣！你们应该自豪！我希望今年通过校长、老师、同学们的加倍努力，能有更多考取高分的，也能有更多的学生考上名牌大学。希望我们大家加倍努力。

抗战时期，从1931年至1945年，梅州经常开会。有一个叶老先生，爱国的热情非常高，他不管有没有邀请他，他都去参加会议，每会必到，每到必讲，每讲必长。大家给他一个绰号叫“叶dei”。那我13年了，不管学校有没有邀请，我都要参加校庆，而且每次都要我讲话，但我讲了些什么？我回去后脑子空空，大概语无伦次、言之无物。自己在那里讲，心里想：同学们有没有听？我恐怕已成为梅州市21世纪

---

① “26”是遇路的谐音。

② “56”是无路的谐音。

的“彭dei”[①]了。但是我自己又想：如果我是梅州市的“彭dei”，也能增加我在梅州市的知名度——我的“阿Q精神”，自己安慰自己。谢谢各位！（热烈鼓掌）

（本文根据大会录音整理）

（选自《东中校刊》复刊第二十一期）

在八十九周年校庆大会上的讲话

校长、各位嘉宾、各位老师、同学们：

我今天带回的一本书是我们的校友谢森中先生托我带回的，他是1938年毕业的，我是1940年毕业，我跟他差两年。他毕业后考进南京中央大学，后又去美国留学，以后到台湾的“农复会”工作，又到亚洲银行做理事，回到台湾地区担任台湾“中央银行”总裁，是我们母校的一个杰出的校友。他很关心母校，他曾经回来过梅县一次，到嘉应大学演讲，讲的是经济问题，讲完后很多人，包括银行界人士都向他讨教。

这次，我回梅县前夕，他特意把他的这本《谢森中先生访谈记》交给我，这是他半个世纪的专业经验。他托我把这本书带回母校请杨校长指教，很是客气，并转送母校图书

① 淦波先生连续十三年参加母校校庆庆典活动，从未间断且每次庆典大会上他都接受大会讲话的安排，他的讲话富有哲理性、历史感、情趣性，诙谐、幽默、自嘲的语言使得听众聚神恭听。甚至使人笑得前仰后合。本文中讲到的“叶dei”，是有其人其事，淦波学长自诩、自嘲为21世纪的“彭dei”，大增了讲话的风趣，使氛围变得轻松、活跃。

馆存阅。我觉得这本书中，他的文章十分好，值得大家去阅读。

去年母校八十八周年庆典大会上，我曾经讲了一个故事：就是30年代抗日战争期间，抗日救亡运动大会、小会十分频繁，有一个叶先生，每会必到，每到必讲，大家都称他“叶dei”。我连续十多年都参加校庆，大会都要我讲话，所以我是21世纪的“彭dei”。十分不好意思，去年校庆我讲了话，今年校长又要我讲话，所以我再做一次“彭dei”吧！旅台的校友3月23日在台北开校友会，刚好梅州市有一个文教访问团到台北，我顺便借它的光跟校友会一起开会，横额上面写“欢迎广东梅州市文教访问团”，下面是“庆祝东山中学创校八十九周年”。这个会开得很好，过去从来没有过这么多人的，这次来了60多位。大家非常高兴。

会上，梅州市陈卫平副市长、梅州市教育局温绍权局长、梅县教育局古启元局长都是东中的校友。旅台校友本来有200多人，现在剩下的不到140人，而这140人中能参加开会的只占三分之一，许多人不是痴呆了，就是腿不行了。好像今年100岁的张炎元学长，他也不能走路了，还有91岁的何健也不能来了。我有一个感想，东山的旅台校友年龄最小的也已70岁以上了，再过几年不知怎样变化，所以希望在以后几年能够有东山母校毕业的新生代到台湾来，我们的“兵”源才能增加。

21世纪，2001年中国有三件大事。第一件就是上海亚太会议圆满闭幕，会开得非常成功。与会者穿中国唐装，有红色的、黄色，款式多样。去年我买了一件，要留作纪念。第二件大事是申办2008年奥运会成功。第三件是我们加入了

WTO。这三件大事说明，中国2001年是非常成功的一年，十分可喜可贺！单是加入WTO的影响就可见一斑。第一是可以促进两岸经济、学术、贸易的交流，希望这个机遇会加快两岸和平统一的进程。到了那时，希望东中的新生代有很多人到台湾来，补充台湾东中校友会的“兵”源。使我们两岸的人能经常来往，这是第一件我所希望的事。第二件是我国加入WTO以后，外国的资金一定有很多流入我们国家，并且设立公司，不论金融也好，服务业也好，资讯也好，通讯也好……各行业都跟着进来，那时我们需要很多人才，就业的机会也就更多了。在这个变化中，资金的流通、人员的增加对国内企业的影响会很大，所以要注意，国企如果不能向前推进，必然会让外来的公司打倒，所以国内的企业自己要振作、自己要改革，要求新求发展。第三件要做的事情，就是需要的这么多人才是要有专业知识的，以后的竞争会很激烈，你是专科专业大学毕业还不够，还必须有一个专业证书，而且一定要是政府认定的专业证书，还要加上外语，希望在座各位不管学英语、法语、西班牙语……无论哪一语种一定要专业，你的外语水平一定要达到一个标准。大学本科+专业证书+外语=就业。三个加起来才能就业。

我实在不客气地批评一下梅县山区高中的教学水平，比起广州来，咱们还有一段距离。这不是教学水平不好，而是外界的知识不够充实。广州比起上海、北京来又有一段的距离。所以我希望不管是在学的，还是考上大学的，都要有专业知识、毕业证书、外语等级证书，才可能找到工作。希望母校在学的同学要多加努力。可以预见，将来的政府一定会实行考试的制度，政府的官员都要通过考试录用。教师也可能要通过考试再作分配。目前很多学校的教师都是终身制，将来要变成聘任制。你教得怎么样，校长有权处理，教得好的可以留下来，教得不好的一年聘任到期可以解聘。我想将来必然走上这条道路。这是加入WTO以后，将来我们在经济生活上发生的变化，我个人见解，向各位报告，供各位参考。

以前我听过一个故事。有一个人说："我大餐吃过千千万，小餐吃过万万千，付过钱吗？没有。"今天，我大庆也参加吃饭，小庆也参加吃饭，捐过钱吗？没有。所以我这么远回来，讲句客家话就是"猎食"。今天，4月1日，我讲的话你当作骗人也好，当作真话也好，由大家评定。

谢谢各位。

（选自《东中校刊》复刊第二十二期）

东中旅台校友会庆祝校庆

为庆祝母校东山中学建校八十八周年，旅台校友会定于3月26日（星期一）上午假座天成大饭店二楼喜相逢餐厅举行庆祝大会，到会校友40余人，席开四桌，前"中央银行"总裁谢森中校友、90高龄的何剑（载涛）校友、89高龄的李盛华校友乘坐头班飞机从高雄市赶来参加，从远地前来者尚有花莲涂佛庭夫妇、台中李思汉夫妇、新竹杨一萍夫妇，尤其难得的是失联50多年第一次参加校庆的陈书林校友。许多年事已高的老校友如丘正欧（100岁）、张炎元（99岁）心想参加，但因行动不便未能如愿前来，只好以电话致意。

大会由旅台校友会理事长彭湃波主持，简短致词后请杰出校友前“中央银行”总裁谢森中校友致词，讲述其一生奋斗历程，聚餐中大家举杯庆祝母校校运昌隆，全校师生健康，校友们相互敬酒，回忆畅谈过去在母校生活愉快之情况。

餐后1时，乘坐游览车前往外双溪故宫博物院参观，校友一行除参加故宫文物展出外，校友们自由组合择地合影留念，至下午4时结束，返回台北火车站解散，一声“珍重”，明年再见。

（选自《东中校刊》复刊第二十一期）

第二部分
文载彭湓波

心胸博大善行昭
健伟风仪世所翘
处世为人义薄云
高风美德四邻评

博大的胸怀

张其标

十多年前，在东山中学的一次校庆大会上，我认识了彭淦波先生。他以风趣诙谐、扣人心弦的演说打动了与会的全体师生与校友们。那时候只知道他是一位说话幽默、颇有名气的旅台校友。而对他的为人、他的风格、他心灵深处的蕴含一无所知。最近几年，随着接触的逐渐频繁，走近彭先生的机会逐渐增多，才发现他心胸的开阔与深沉、博大与高雅，感受到了他内心世界的华丽与多彩！

这位与丘逢甲同乡的老校友，年逾古稀而神采奕奕。他早年就读于东山中学，1945年毕业于中山大学，1946年春到台湾。凭着天赋的聪明与社交的艺术，自台湾电力公司退休后，办起了实业豪勉科技股份有限公司，并很快发展起来。两岸解冻以后，他扬起回归的风帆，于1988年回到阔别四十多年的故乡，展示出炎黄子孙热爱母土的殷殷情怀。

在母校东山中学先后捐建两座教学楼，又合资建成电教楼。捐资设立每年的奖教奖学金、资助出版《东山丛书》20卷和自1989年以来每期的《东山校刊》。十多年来总计出资近160万元充实了东山中学的教学设施和校园建设。还连续十四年次亲自邀请同级、同乡新老校友，社会贤达参加母校大小校庆；亲往印尼、新加坡、泰国等地劝说校友捐资建设母校，终于完成了数十年校友们梦寐以求的U字形校园建设。这些行止实为东中校史上所罕见。

他在就读的初中梅北中学，与人合资捐建了师生餐厅、科学楼，资助了体育场的建设费用以及每年五千元的奖教奖学金。对自己启蒙就读的悦来小学，促进迁旧校、建新校，捐建贤士桥、教室、校门、篮球场、羽毛球场和照明设备，捐献每年三千元的奖教奖学金。为梅北、悦来两校合计已共捐献了80余万元。对梅州市属内的学艺中学、岭梅财经学校、华侨中学、蕉岭中学、新铺中学、金山小学也都有过奖教奖学金的资助。

他对学业优秀却家贫而无力升学的学子，除了每年捐助两千元给“希望工程”以外，还创立了“梅州市新世纪互助社”基金会，给考入大专院校的学生每年补助三千元（特困的四千元），考入高中的每年补助两千元。八年来已有市属各县和外省的共39位同学得到资助，其中已在大专院校毕业的11位，在校就读的28位，这每年共需八万元左右。受资助学生每年春秋两季自己主持联谊会，举行学习交流、共勉鼓励、聚餐等活动，培养自治、交谊、友爱、团结的能力。

彭先生的家乡原是个贫困、古老的山村。山多田少、生活艰难，就有些少柴草等土产，也因山高路陡、须靠肩挑背负十余里才能到小圩场摆卖。人们累得清早出门，至晚才倦饿而归，常使村人抚怀浩叹。而今，经彭先生近十年无私无偿的策划，投入200余万元，引导村人群策群力，共谋发展，村子发生了翻天覆地的变化。

先是改变晴天石砾刺足骨、雨天泥泞脚打滑的道路。从劈山开路、运水架桥筑成泥基道路开始，至现在的水泥硬底化，陆续投入30万元修成了至新铺、石扇，连通205国道直达梅州、蕉城，共长六公里多的水泥硬底公路。而今，摩托、货卡、大小中巴可以直达村民屋檐下和果园边。路通的当年，村民的水果就每斤多卖了一角钱，还省下了昔时要请人挑到五公里外装车的辛苦和工钱。接着彭老再投入四万余元修成直到各户门槛下的水泥村道。喜得老人小孩都喊“长命百岁炳叔公”（彭先生家名）！

1996年冬开山种果、办起“延年农场”，目的是想引入好的科学技术，促进村中的农业生产，也给村内青壮劳动力安排了有工可做的出路。农场建有蓄水池、液肥池，还有猪、牛、鸡、鸭栏舍、管理房等建筑，种有金柚、柑橘、龙眼、青枣、板栗、桃等果树千余株，先后养有猪、牛、鸡、鸭、鱼、蜜蜂等家畜家禽。场内遍布引流管道，在正常年景可自流灌溉。自开垦至今，已付出基建、种苗、工资等70余万元。

成立“彭氏延年福利基金会”，是为全村村民的福利。每年逢春节、端阳、中秋给70岁以上老人送上敬老慰问金，按年龄从60元至200元不等。遇有重病住院医疗的病人，派员慰问并带上200元的补助金。设立农业生产短期无息贷款，用于修好全村坡头、水利，解决生产生活困难。购置20套桌椅杯盘碗筷和十套床铺用品、聚会帐篷，供村内逢年过节红白喜事、招待亲朋之用。帮助各户装置电灯、电话、有线电视，设置文化室、棋艺室、音乐室、篮球场，羽毛球场、乒乓球室，订定书报、杂志，购买弦箫鼓乐、球类、棋类等，从身心两方面促进村人健康。还数次组织外出旅游，让少出门的男女见世面、广见闻、长知识。

福利会成立以后迎来美化山村的热潮。力行植树造林，保护青山绿水。利用山窝里的荒坡、草坪、空地建起一座亭台廊榭友谊亭、思亲园、伴亲亭、茅中缘、健身园、亲水园、彭祖关帝祠、群仙府、象征性的微型长潭一线天和相思桥，还有梅园、乌园、五峰殿、石禾森林园、情人谷及其相关的林间小道、福利会会址所在的“彭氏延年”活动中心。次年，又把有200多年历史的开基祖堂重新整修，顺便把邻近住户已破损的残墙破壁粉刷一新。昔时被外人讥为“有女不嫁樟坑彭屋”的穷苦山旮旯，一挺成为现代的农民新村。彭先生把它们像明珠一般用新筑的水泥大道串联起来，四周种植花草果木，道旁装上彩灯彩带，日里花团锦簇、花香沁人，夜里灯月交辉、光影照人。真个是：不是天堂，也似天堂。彭先生按其原有地名，取之曰“黄蜂山庄”。不收门票，日夜开放，专供男女老中青少、四方乡亲友朋任意休闲、交心。

彭先生从事商贸事业数十年，作为一名成就已具的实业家应该不缺什么了。那么，他的这些行止却为了什么呢？从他的一首《感怀》(诗非诗)可以找到准确的答案。他写道：“已经出世在人间，认清善恶辨忠奸；心存仁义多行善，一生舒坦且延年。”仁义心存、多多积德、一生舒坦、康泰延年。呵！这就是彭先生宽广高雅、纯净深厚的人生境界！

健康即人生。健康在人生旅途中充满着光泽，充满着辉煌。愿彭先生一生健康长寿，延年潇洒！

二〇〇二年六月

(选自《沙——彭淦波集编》2004，第158页)

难忘的会见

——校友彭湃波学长归宁侧记

李　叶

1988年10月13日晚，校友彭湃波学长返乡探亲抵梅，学校校长及部分同窗好友闻讯，先后前往宾馆拜访。多年夙愿成了现实，老同学骤然相见，不免大有“四十年前尽少年，白头相见遣童颜”之叹！四十三个春秋弹指间，仿佛一场梦，彼此紧紧相抱，四眼相对，好像要在白头中寻找少年时代的痕迹。

我们亲爱的母校、亲爱的校友，谁不在日夜相互思念中？湃波学长不忘母校哺育之恩，17日上午，特意抽空由乡下返母校参观，并与校长、学友等座谈，接待室里欢声笑语。九时，座谈会开始，朱文澎校长作有关母校的近况和近期发展情况的汇报后，湃波学长极为欣慰，随即发言抒发四十多年思念母校及同窗学友之衷情，并深表内疚地说：“一晃四十多年，对母校从未关心，我是母校的一名浪子！……”情真意切，言至动情处，不禁多次强忍哽咽，热泪盈眶。朱校长在旁感动得多次双手紧抱老学长之手臂，讲不出话来，只是机械地轻声反复“各奔前程，各奔前程”。此情此景，使在座者深深沉浸在校友热爱母校，母校紧紧维系着千百万东中儿女的温暖情怀中！

会后，校长及同窗学友陪湃波学长一行沿U字形校园水泥路斜坡而下，参观了七十周年纪念大楼、宪梓教学大楼、东山第一亭，原旭升楼旧址新建的宪梓图书馆及原礼堂，原二十周年纪念堂，挹程楼等新旧校舍。在二十周年纪念堂前，见物怀旧，又牵动了淦波学长缕缕情丝。他站在纪念堂前，如数家珍般回忆了当年的教室，读书生活及诸师长、诸同窗等难忘的往事，久久不愿离去！随后一行人又缓步转到U字形东边，沿南康图书馆拾级而上至东山岽顶，参观新建莲花形水塔及山顶花园。在山顶俯瞰了状元桥下的周溪和三角洲头的梅江，汩汩周溪汇梅江，滔滔梅江归大海，山水依旧。再向前展望，但见东山大桥雄跨南北两岸，当年辽阔广漠的梅江南岸平原，而今一座座高楼拔地而起，一柱柱烟囱矗立云天。山城里新兴的梅州市正逐步形成、发展，日见兴旺起来。眼前壮丽的画图，引起淦波学长无限遐想与憧憬。

目睹母校的发展、家乡的变化，四十三年前恰同学少年，曾在东山岽顶、在抗日烈士纪念亭前、在琅琅书声中迎着朝霞度过一个又一个清晨的往事，使他仿佛又回到了风华正茂，丰富多彩的少年时代，他不禁高举双臂，向亲爱的梅城招手，他想大声告诉故乡：亲爱的故乡啊，我回来了！亲爱的母校啊，我终于回来了！

脉脉游子情，母校、挚友“心有灵犀一点通”，深深理解多年浪迹天涯“少小离家老大回”者对故乡、对母校的诚挚深情！

海峡两岸金桥已通，愿诸师长、校友随时回母校参观指导，母校热诚恭候师长们、校友们回校畅叙手足情！

（选自《东中校刊》复刊第五期）

阔别五十年　感怀系万千

——参加母校七十七周年校庆暨贤士体艺楼奠基盛典有感

叶振华　钟松达　郭纲世　廖江添　李应声

今年4月1日，东山中学母校七十七周年校庆，喜逢旅外校友彭湓波学长捐建贤士体艺楼奠基，我们在穗五位1940届校友欣蒙彭湓波学长的资助，回到阔别五十年的母校参加盛典，令人终生难忘！如果不是湓波学长如此热爱祖国和母校、热爱同班同学的话，哪有这么好的欢聚机会！

我们一进入梅县县城，就看到昔日破旧狭小的街市，现在已成为一座宽阔美丽的城镇。母校的面貌也发生巨大的变化。校庆那天，我们百多位校友和来宾，受到学校领导和师生们的热烈欢迎。在爆竹和鼓乐声中，大家徐徐步入高大雄伟的新校门。映入我们眼帘的是：绿树掩映、新楼环抱的校园，夹道欢迎的队伍。学生们手上挥舞着鲜花，热情鼓掌和欢呼，整个校园沉浸在一片欢乐愉快的气氛中。

我们这些离开母校五十年、年届七十的老校友，顿时百感交集。在隆重的庆祝大会上，曾宪梓、刘锦庆、彭湓波等校友的热情讲话，充分表达出老校友对母校的一片拳拳之心，令人感到鼓舞和鞭策。贤士体艺楼的奠基及环游校园的一系列活动，使我们的心情始终不能平静下来，总感到一股热流在全身涌动。和校友们一起会见小记者，当被问到有何感想时，顿时被一种“东中的历史和培养的人才都值得骄傲”的强烈感情所笼罩，说不出话来，热泪夺眶而出，只能伸出一个大拇指，断断续续地说：“东中……人才在社会上是好样的……希望你们……将来也是好样的。”其实这也是我们大家的感受。淦波学长在大会上发言时，还特意介绍我们猋社同学这次回母校祝贺的20位校友和大会全体与会者见面，使我们新老校友之间的感情进一步增进了，也使我们班友感到极大的温暖。在这次校庆活动中，淦波学长还提出“兴建大礼堂热烈迎接母校八十大庆”的动议，得到大家一致的赞同。这项建议又把校庆活动的意义推向更高远的境界。所以我们深深感觉到：各地不同年届的校友回到母校，特别是广泛邀请同届校友一齐回校庆贺校庆或参加各项与母校之间的联系网络，不断扩大母校在海内外的影响，进而起到母校和校友互相鼓舞、共同为振兴中华做出更大贡献的作用。

我们五人定居广州，虽已年届古稀，但都还为社会奉献着各自的余热，这也是母校优良传统在我们身上的体现。淦波学长身在海外、心系母校、捐资兴学不遗余力，更是我们学习的楷模。通过这次双喜盛典的活动；我们进一步认识到：我们祖国的前途、母校的前途、校友们的前途，都必然会越来越光明。

（选自《东中校刊》复刊第九期）

湓波先生二三事

李清祥

湓波先生1940年毕业于梅县东山中学，同年考进中山大学法学院。

他一贯学习勤奋，做事严谨认真，一丝不苟。记得1938年粤东区十几间中学的高二、高三学生全部集中梅县军训，结业后，军训团忽然下令，要各校派一个队集中进行操练比赛。由于时间紧迫，同学们一致推选湓波同学为“司令”。彭湓波临危受命，充满信心说：“大家不要怕，东中学生决不能丢人。在考场上我们名列前茅，在球场上我们也敢夺桂冠！明天在操场上我们定要拔得头筹。”

比赛那天，操场上气氛庄重，军训团教官严肃地坐在台上评判，对面穿戴整齐的“各路大军”一字排开，在这庄严的时刻，东中学生充满信心更显得精神抖擞。

比赛开始了，有些学校的“司令”怯场了，搞得队伍溃不成军。当喊到“东中”队时，彭湓波一声大吼：“东中的，立正！”全场顿时雀静。他俨然大将风度，昂首挺胸，领着队伍阔步出列，响亮地喊着口令，指挥得有板有眼，整个队伍动作整齐划一，纹丝不乱，当场博得声声赞叹。最后，东中队不负学校重托，名列榜首。从此，这位粗眉大眼、身板结实、虎虎生气、豪放爽朗的彭湓波一时名声大振，同学们亲昵地叫他“关东大汉”。

这个“关东大汉”还是个幽默风趣，极富感情的人呢！

他热爱祖国，热爱生于斯长于斯的故乡，热爱教我育我的母校。他常说，走遍世界还是自己的祖国好！海峡两岸架起金桥后，他每年都回乡探亲。他热心家乡的公益事业，在山区的家乡修桥筑路；他关心家乡教育事业，捐建学校楼房及各项设施。他对所建各项公益事业，自始至终亲自过问，想得极为周到，令人折服。

淦波校友长期从事电子行业，他的事业越来越发达，现在他的豪勉企业公司已是个跨国公司了。

（选自《东中校刊》复刊第十期）

学友自台北来不亦乐乎

——上海东中校友欢迎台湾彭淦波校友

赖昶良

今年9月6日和7日，旅居上海的部分东中校友与从台北来沪旅游观光的彭淦波校友、李思汉先生，热烈欢聚，互道别后情景，共祝母校繁荣昌盛。

6日的欢迎会在李志乔老师的办公室举行。参加欢聚的有二三十年代的老校友肖玺明、钟孜全，也有四五十年代毕业的校友共30多人。下午4时半，当彭淦波校友到会时，气氛热烈活跃，认得的互相握手，问长道短；不相识的经志乔老师一一介绍，倍感亲切。大家都以能在上海相聚感到由衷高兴。应旅沪校友之请，彭淦波校友简明扼要地介绍了旅台校友的情况。当他说到在台校友每年至少聚会三次，年年庆祝母校校庆时，与会者无不感到欢快，那种尊师重教、团结互助、关怀母校，热情为母校的发展尽心尽力的精神，被人誉为东中校友的“特异功能”。大家边吃酿豆腐、炒面，边叙谈，这情景仿佛把大家一下子带回到了状元桥畔、木棉树下、周溪河边、东山岌上，多么美好的回忆啊！淦波校友高中毕业时，笔者初中毕业，是个晚辈，对于初次的见面，彼此印象淡薄了，但当我说，我是良良、育英、奇英的弟弟时，他立刻想了起来，并关切地询问良良等的情况，校友们也纷纷打听在台同学、亲友的近况。钟孜全校友手持保存了30年的一张照片，打听某同学的近况，当他得到回答时，十分高兴地哭了。

7日晚上，彭淦波校友又与部分东中校友在华山饭店聚餐，上海嘉应同学会会长李国豪及该会部分理事应邀出席。席间大家纷纷举杯，祝贺家乡的建设蒸蒸日上，祝贺母校东山年年桃李，岁岁芬芳！餐后，东中校友在一起合影留念。校友们还在淦波校友特制的一份祝贺廖苾光老师88岁寿辰的绢丝上签名，祝苾光老师健康长寿。

1990年9月20

（选自《东中校刊》复刊第十期）

彭淦波学长热心文化教育二三事

李理章

旅台校友彭淦波学长从小就是勤奋好学的好学生。在多年的抗日战争中，他经历了艰难的求学时代。那时，他思考：几千年的文明古国，为什么总受人欺侮？他在迷茫中感到，或许是由于封建落后、封闭式的文化教育，或某种桎梏，致使他后来努力去探求改变落后的路。他深深地尊敬“采得百花成蜜后”“播种未来心里甘”的老师们，置身“路漫漫其修远兮，吾将上下而求索”的同学们中间，立下要为中华民族“有一分热，发一分光”的志向。也许这就是彭淦波学长偏爱文化教育，念念不忘谆谆教诲的恩师，久久怀念同窗共砚的同学的缘故。

1988年，从他重踏阔别四十余年的家乡故土时开始，他探询的就是从未忘怀的文化教育事业和培育自己的母校，访寻“含辛茹苦”的老师和“共剪西窗”的同学，将渴望家乡故土、亲友后辈起步腾飞的热情融注到浩瀚学海中。

几年来，他多次资助一些中小学校庆祝诞辰，出资邀请学友们为年高健在、一生辛育桃李的老师们欢庆、祝寿，丰富了“尊师重教”“师生同欢”的意义。为德高望重的老师们出版“文集”“丛书”；集印同学的“文选”“专著”；资助部分中学的校刊、通讯；探望被疾病等折磨的老师和同学，直到“先去者”的灵前，寄予曾同“击楫”的怀思和对其家属的慰问；询问学友们的情况，鼓励其将后代培育成人。有道是："人生结交在始终，莫为升沉中路分。"为这些，他付出的绝不仅仅是金钱，还用涓涓暖流滋润师生的心田。这都是"青山一道同云雨，明月何曾是两乡"的人间真诚的体现。

彭淦波学长常言，"众人拾柴火焰高"，相勉大家要群策群力，共善有益于社会的事业，始终以"我是大家的一员"的身份献心出力。

先后为方便家乡学子上学而修成一条长达十余华里的乡村大道，建起避风躲雨的"贤士亭"。为悦来公学倡议捐资建成6间新教室，独建学校门楼和安全走读的"贤士桥"，正在建设中的运动场司令台，以及改善调温、采光、体育、文艺等教学设备，尽心地"从头到脚"打扮着小时就读的母校；为初中年代的母校梅北中学集资捐建一座现代化的"师生餐厅"，建议改造旧有的师生宿舍。在东山中学母校独资建起一座为体育、艺术教学用的"贤士体艺楼"和集资捐建"电化教学楼"等，共计花费110多万元人民币。几乎是每次回来总有新建项目要他奠基、剪彩。他本人诙谐谦虚地说："有人是有钱唔肯用，我是无钱'甲'硬用，只要是得当的，我就想法觅来用，无钱就出力嘛！"这充分显示了彭学长是公益事业的热心人。

彭学长经历过求学时代的艰难，明白"琢玉成长"过程中的风雨，深知向学求知的不容易。因此，他总是想法鼓励刻苦求知的同学和认真教授的老师。对亲属他一再表示："只要你能读，从小学、中学、大学，甚至留学，我都愿意资助。"在族中带头设立了"品学兼优中、小学生和攻读大专院校学生"的奖学助学基金，还在逢年过节专请"电教队"

或“剧团”等文艺团体为乡亲献演，照他说，“是为乡亲们多受些新事物、新风尚、新文化的熏陶”。连年都曾在东山中学、梅北中学、悦来公学、学艺中学、岭梅财经职业学校颁发奖教奖学金，共3.8万多元，并从1992年起，每年都照数奖给。有人曾问彭校友：“此举是不是年年有？”彭学长笑答道：“只要是我和我的事业健康长寿，此举就要继续下去。”

是的，凡有益于社会、国家、民族的事业和为这些事业操持的人都应当健康长寿，与史长存！

淦波学长在东中的年代，是许多高班同学都将低班小同学作为“小老娣”（客语）关心爱护的时代，是东中“团结精神”的炽盛时期。作为淦波学长携教之一的“小同学”“小老娣”，我祝愿淦波学长及其事业健康长寿。

（作者为高中1944届毕业校友）

（选自《东中校刊》复刊第十一期）

无限风光在东山

——东山中学风雨八十二年

张其标

在东中校园的天幕上，群星璀璨。有的星很美，有的星很亮，而逐鹿半生、旅居台湾的彭淦波则是其中最美最亮的一颗。1940年高中毕业的彭淦波校友，在人生旅途上拼搏了半个多世纪，他远涉台岛，走遍祖国大江南北，饱经风霜，但在事业有成之惬意之年，始终没有忘记哺育他成长的东山中学，常思有以报效。1988年，两岸“三通”以后，他毅然跨海飞回大陆探亲。1989年返校参加母校七十六周年校庆，接着连续七年返校参加校庆活动（他说以后要争取年年转）。他除了独资捐建一座集体育、美术、音乐于一体的“贤士体艺楼”以表爱心外，还专门为筹建纪念母校八十周年大庆的三项系列工程（造价200多万元的大礼堂、校友楼、电教楼）出钱出力，策划奔走于台湾、香港、广州等地之间，直至工程全部竣工。任务完成，这也圆了他系心多年的“春晖”梦。真可谓殚精竭智、不遗余力！他在母校设立了“彭淦波奖学金”“廖苾光美德奖学金”以鼓励品学兼优的学生；专项支持多位家境特别贫苦学生的学习生活费用；多年资助《东中校刊》《东山中学丛书》的出版费用等。他的这些善举，既体现了金钱有价，也凸显了爱心无价。

他爱祖国、爱家乡，重人才、重品德，真是爱倾母校，悉心奉献。他那新型的“大款”胸怀、真诚的豁达风度，直爽中蕴深沉，洒脱中见明朗，使人一经接触就产生和谐亲近之感，并因此而赢得了广大师生和校友们的爱戴和钦慕。他在东中前进的征途上树立了一座光彩照人的功臣碑！而今，彭校友已年逾古稀，岁月的年轮，已经给他留下了痕迹，他虽然显得有点苍老了，但眉宇间仍洋溢着一股英锐之气。好人一生平安！祝愿他芳华永驻，健康长寿！

（选自《东中校刊》复刊第十五期）

解不开的情结

——校友彭淦波与东山中学

东中校刊专访

四月，木棉花开了。具有光荣革命历史传统的东山中学，也迎来了85岁的生日。在这美好的季节，海内外校友重逢在东山校园——曾宪梓、黎次珊、彭淦波、章生辉、李昆章、刘清秀、叶蕰青、熊宏水、李国超、何明、涂佛庭……

其中，76岁高龄的校友彭淦波先生，自1989年海峡两岸关系较为松动后，至今已是连续十年回东山母校参加校庆了。1989年，阔别母校49年的彭淦波第一个以台湾校友的身份，回东中参加七十六周年校庆，这次返台，他带去了一纸笔记。这是东中领导与校友们座谈时，提出急需兴建的四项工程——体艺楼、大礼堂、校友楼，电教楼。到哪里筹这么多钱？许多人认为没有实现的可能，可是，淦波先生已经向校长朱文澎表示，这四项工程很迫切，自已将尽力促其完成。君子一言，驷马难追啊！彭淦波为此愁得吃不下饭，睡不着觉，干脆亲身到东南亚会见饶占广、章生辉等校友，与他们商酌同为母校出力。

1990年1月，彭淦波率先认捐了体艺楼，1991年，曾宪梓先生应允捐建大礼堂，四项工程就剩下了两项。同年11月，彭淦波回广州被邀请参观第一届世界女足比赛。11月17日中午，彭为老师廖苾光教授在穗嘉应宾馆庆祝九十大寿，印尼饶占广先生及东中温绍权校长均应邀为座上宾。饭前，淦波先生问占广先生："校友楼和电教楼印尼校友敲定捐建哪一个？"饶先生说："还没有呢。""不行啊，八十周年校庆快到了，再不决定就来不及了。如今校长在此，您作出决定捐建哪一项目及其奠基日期。"结果，饶先生选定校友楼，并定12月2日回梅举行校友楼奠基仪式。

事后，占广先生打趣道："吃了淦波先生一顿饭，害得我三天三夜'无睡目'。"其实，台湾这边，淦波先生也睡不着觉。原来，他已作出了承诺：如印尼校友负责一项工程，最后一项就由台湾校友负责。

1993年东中举行八十周年校庆及宪梓大礼堂、校友楼、电教楼落成剪彩典礼。由于三项工程建筑质量均佳，旅印尼校友、李昆章先生异常高兴，在庆祝大会上宣布捐建一座科学馆。李校友之热诚爱校使全场爆发了热烈掌声，由此可以证明，母校师生的汗水没有白流，终于得到回报。

两年后，为迎接八十五周年校庆的到来，东中又制定了新的三项工程计划。不久，黎次珊先生认捐教学指挥中心（后定名为八五祝如纪念楼），在彭淦波先生促成下，旅印尼校友、一贯热心支持母校建设的章生辉先生则承担了文化楼工程（即雪云纪念大楼）。剩下的体育中心又落在彭淦波先生身上，后定名为豪勉体育中心。虎年之春，八五祝如纪念楼、雪云纪念大楼、豪勉体育中心落成。

彭淦波每次回母校，身上都备有一本笔记簿，随时掏出来，从母校的基建工程到教育教学质量、每年的校庆筹备情况、贫困学生的学习生活等一一记录在册，然后为此筹钱出力。多年来，他不仅投资牵线立项目，还出资设立了"彭淦波奖教奖学金""廖苾光美德奖"，并年年出资为母校出版

《东山丛书》和校刊。

自从参加七十六周年校庆返台后，他每次返台，都要到东中老校长、梅县老县长彭精一先生家，向老人家报告母校的情况。精一先生时刻思念故乡，很想回来看一看，其时，虽说彭老身体还硬朗，毕竟已是97岁高龄的老人了，儿女都不大放心他回乡。

为促成老校长回母校，彭淦波用了3年时间，与彭老校长的亲属沟通，与留台校友研究可行性方案。终于，精一先生决定于八十周年校庆时间回梅。为保证万无一失，彭淦波作出了十分周密的回乡计划，并为老人准备了轮椅、救心丹等一批应急物品。1993年4月1日，精一先生回到东中，参加了八十周年校庆，并与东中师生、校友们一起，在母校庆祝自己的百岁诞辰，献花、唱生日快乐歌、切寿糕、祝贺词，热烈热情温馨洋溢于会场，此次盛会成为东中历史上的一段佳话。1996年4月4日，彭精一先生以积闰105岁高龄辞世，5月9日，彭淦波先生又与其亲属陪伴着彭老灵骨回梅，在梅由母校温校长筹备主持，举行了追悼会，并将彭老灵骨安置于梅县仙鹤山庄内。真正“落叶归根”，老人在天之灵，应为自己能在有生之年重返故土而笑慰九泉吧。

在彭淦波的促成下，一批又一批旅台校友、乡贤重返东中，重返故园。涂佛庭、宋新民、杨齐生、李奠雁、熊汉萍、李思汉、谢森中、曾联兴、彭以豪等，并在东中设立奖教奖学基金。

彭淦波，连起了母校情结，也连起了海峡两岸的血肉之情。

（选自《东中校刊》复刊第十八期）

彭湓波先生发扬客家美德

江平成

本年4月1日，为母校建校八十六周年校庆，旅台校友会提前于3月26日上午11时，在台北市天成大饭店举行庆祝会，参加的校友共40多人。会后由校友会理事长彭湓波学长解囊宴请全体与会校友，宾主尽欢。

宴会当中，大家谈论的焦点，都集中在湓波学长多年来对母校的奉献。大家一致认为湓波学长替旅台校友赢得了声誉，都有一种“与有荣焉”的感觉。对于他爱护母校、关爱乡梓的精神，大家也都觉得应该特别写篇专文介绍，寄请校刊刊载，表彰他这令人敬佩的盛德。并推举笔者撰稿，笔者叨其口腹之惠甚多，当然乐意遵办。但得事先声明，笔者绝对不是吃了人家几顿饭，就嘴甜舌滑、轻易为人吹捧的一个标准硬颈的客家人，了解了这点之后，才敢请再看下文。

笔者认识湓波学长50多年，彼此之间，或因工作性质不同，或因就属地点各异，除了参加旅台校友庆祝校庆打个照面之外，平常极少交往。1992年，因筹备老校长彭精一先生返乡参加东山母校八十周年庆祝活动的准备专项，以及筹备精一先生百龄大庆在台庆祝活动，先后出版《期颐小集》《彭精一先生百龄荣庆汇编》等书，才多有接触，因为上述各事的集会，都是由湓波学长倡议召集，从而了解他的为人处世的种种。

谈到这里，笔者得先讲一个笑话：1987年，两岸开放一般民众相互探亲之初，住在台北市区的东中同学，听到前母校音乐老师蔡曲旦先生到了台北，感到十分高兴，特别在“新陶芳”客家菜馆设了一桌酒席欢宴，原来说好大家分摊聚餐费用，但餐后淦波学长争着由他付费。笔者则以为，亏众莫亏一，应帮他减轻一点负担，建议由我分摊一半。当时淦波学长可能以“不敢僭美”的心态，接受了我的建议各出半数。事后才知道，淦波学长作个小东请张把桌的酒席费用对他来说，简直是九牛一毛，对我来说，则每月老婆规定的零用钱去了一半，这也是我的孤陋寡闻，太低估了淦波学长的财力。穷秀才在陶朱公面前掏荷包，回想起来，真是糗事大了。

之所以会讲出上述故事，也就是说明了淦波学长“发了财”没有多少人知道，因为按常情，像他这样富有财力的私营企业董事长，应该有雇佣司机驾驶的轿车代步，甚或雇有随身的扈从，但据知他非但没有私用轿车，而平常出入是乘坐公共汽车，早些年还经常从台北的泰顺街步行四五公里到中山北路豪勉公司上班，他的解释是步行可以健身。再者，以他的身份而言，自己是“财主”，太太是大学教授，家里的事务应该雇用佣人，或雇用清洁公司的人员代劳，但是，据知他府上打扫、买菜、煮饭菜等杂务，全由自己动手处理。这也就难怪笔者失敬了。由此可见，他是多么具有我们客家人简朴笃实、克勤克俭的传统美德了。

近十年来，淦波学长对母校东中接二连三地做了很多奉献，诸如体育艺术活动使用的“贤士楼”之兴建，举办各种运动的“豪勉体育中心”之建设，先后出资设立的“彭淦波奖学金”，出资为他恩师设立的“廖苾光美德奖”，为他儿子彭以豪设立的奖教金，以及年年出资为母校出版《东山丛书》和《东中校刊》等善举都见诸校刊，无需再予赘述。除此之外，淦波学长对他的家乡蕉岭樟坑村，也有很多福利同宗的善举，诸如投资创设纪念他开基祖延年公的“延年农业开发公司”，发展养殖事业，使宗族子弟无失业之虞。开筑村道使之衔接公路，便利了宗族大众出入及运输交通。淦波学长是极富感情的人，凡他就读过的中小学校，如教过书的梅北中学等，都蒙受其利，获得捐助。其他默默助人的善款也不计其数。有人暗中为他约略估计，十年来其所奉献于各项公益事业的钱钞，数达300万元人民币。而这些公益事业的署名，多半都是采用先人名义，如“贤士楼”是他令先尊的名讳，“延年开发公司”是彭姓在广东开基祖延年公的名讳，这也充分显现出了我们客家人“慎终追远”的美德。

1972年，淦波学长与其妻兄旅日经济专家邱永汉先生在台南合作开办了一个颇负盛名的“永淇工业区”，购置了广阔的甘蔗园地和若干荒地，在这片广阔的土地上规划开设排水的水路、装设动力用的电路，以及工业区所需的各种硬件设施。其时台湾正大力提倡发展工商事业，台南又是工商巨贾汇集的地方，这片新兴事业工业区的开张，其前途当是不问可知。其时笔者适值担任中展公司台南广播电台台长，应邀参加了该工业区的落成典礼，曾特派记者前往采访报道。果真该工业区落成之后，不久被众多工商界人士争相购置开设工厂了。

淦波学长从商之前，先后担任省立台南女子中学的教职，台湾电力公司台南分公司和新竹分公司的单位主管，可说都是铁饭碗，他之弃公从商，当初好多朋友都为他担心，但是，现在证明了他的抉择，实在是有卓识远见，也即具有我们客家人乐观向上的特性。

总的说来，淦波学长不怕辛劳、简朴笃实、克勤克俭的习性，和他立志“显亲扬名”的“慎终追远”的秉性，以及他那富有前瞻性的乐观向上特性，这些都是承传了我们客家人传统的美德。他的成功并非偶然，特以“彭淦波发扬客家美德”为题，作此简单介绍。

（选自《东中校刊》复刊第十九期）

尊师重教的楷模

——记我所认识的彭淦波学长

陈庆忠

彭淦波学长是对母校做出过重大贡献的老一辈校友。他在耄耋之年，仍继续不辍地为母校的建设出钱出力。我比淦波学长晚两年入东山中学，是他低两班的同学。由于他学业优秀、思想先进，当时我和许多同班同学都认识他。毕业后他考入中山大学法学院，从此在校园里虽没再看见过他的身影，但他的魁梧身材已深印我脑海。抗战胜利后的1946年六七月间，我们在台湾省台南市不期而遇，我一眼便认出他来了。是时他和同班同学陈佑美均在台南女中教书，我们相见甚欢，相谈甚洽，并互赠照片留念。当时在台南的东山校友除我们三人外，还有熊如芳（荣）、梁光、李书贤（石明）、罗元芳、李理章等，在欢迎廖苾光先生莅台时，曾合影留念，这张照片我一直保存着。直到1998年我从哈尔滨回梅参加东山中学八十五周年校庆，我和湓波学长才再次相见。他看了这50多年前的合照非常高兴，决定重新影印分赠合影的同学，遗憾的是苾光先生和如芳、书贤校友都先后仙逝，梁光校友在天津解放时不知下落，失去联系。

我于1946年秋离开台湾北上，此后几十年间彼此便失去联系，而再次看到湓波学长的名字是在1989年《东山中学校刊》复刊的第六期上。从此，我在每期校刊上都看到有关他由台回梅参加东山中学校庆的消息，便很想再见见他。1992年九十月间，我回梅路过广州曾拜谒苾光先生，跟他谈起湓波学友，他赞许有加，曾说到湓波学长每次回梅都会来看他，并曾设宴给他做寿等。这是作为学生者一百人中、一千人中，甚至一万人中，也很难找到的一个人。这并不是这些学生都没有钱，而是没有这份心。而湓波学长却独有这份心。不仅如此，湓波学长还视老师的科研成果为至宝，十分珍重，力求使之出版，润泽后人。苾光先生是我国一级教授、著名学者，对自己著作的出版自然是十分关心的；但在市场经济条件下，每每不能如愿。

经湓波学长的敦请，《风雨东山》先在《东中校刊》上发表，后又出单行本，接着由苾光先生编辑的和生前好友吴剑青先生诗词、林浪先生诗文的《东山三友集》又问世。苾光先生仙逝后，湓波学长又出资出版了纪念恩师的《追思集》和恩师的《油油草堂杂荟》，其尊师重教之精神确实难能可贵！翻开《东山丛书》，到2002年已出版19卷，其中由湓波学长独力或合力赞助的就有13卷，其作者不仅有未教过湓波学长的老师，还有一些清贫的校友。尊师重教本是中华文化包括客家文化的优良传统，彭淦波先生便是传承这一传统的东山中学校友中的佼佼者。

淦波学长不仅尊师而且爱校，他于大学毕业后在台湾省台南市从事教育工作，深知学校对培育人才的重要性，以致后来他投身工商企业，有所成就便锲而不舍地出钱出力赞助对其成长起决定作用的高中母校——东山中学。他不仅独力或合家族之力捐建贤士体艺楼、豪勉体育中心及运动场附属设施等，而且还以超过古稀的年龄远赴南洋等地联络东中校友支持母校，今日东山岌旧貌换新颜，淦波学长其功不小。淦波学长对学校教育是一个深具远见卓识的人，他充分认识到办好一所学校，校园、校舍、校貌等硬件固然十分重要，但更重要的却是师资的力量和学生的素质，名师出高徒嘛！于是他又致力于奖教奖学的事业，不仅自己设立奖教、奖学金，为纪念廖苾光先生终身从事教育事业精心培育人才而设立常年性的“廖苾光美德奖学金”，还以自己的行动影响或动员其他台湾校友设立奖教奖学金。十年树木，百年树人。淦波学长对母校的建设真是不遗余力。近几年来，他又腾出工夫，到一些省市访问东中校友，去年（2001）九十月间他与张志经副校长（退休），即曾经北京、哈尔滨后转沈阳去大连，受到各地东中校友的热烈欢迎和热情接待，一方面加强了母校和校友的联系，另方面也促进了外地校友对母校的关心，共同为母校的跻身于全国一流强校而努力！

我与淦波学长在今年（2002）母校八十九周年校庆上又相见了，这是他第十四次由台湾回母校参加校庆。当八十九周年校庆庆典主持人请彭淦波老学长讲话时，整个礼堂立刻沸腾起来，响起了暴风雨般的掌声。这是我第三次听淦波学长在校庆盛典上讲话。他声音洪亮，神采奕奕。其讲话既切实真诚，又风趣幽默，不时被掌声打断。参加庆典的来宾和师生都愿意听老学长彭淦波先生的讲话，这不仅是因为他说出了大家的心里话，讲话深中肯綮，更是因为他尊师爱校，足为全体校友和在校师生的表率！

2002年7月20日于哈尔滨商业大学

（选自《东中校刊》复刊第二十二期）

细微之处见真情

——读《沙——彭淦波集编》有感

金　文

几天前，笔者收到彭淦波先生送来的《沙——彭淦波集编》一书，细细读来感触良多，该书是由东山中学校友会根据旅台乡贤、东山中学校友彭淦波先生的经历，经过严格挑选，编撰而成的。

该书图文并茂，全书共176页，选用图片708张，文字和文字说明共3万多字，分为“家”“重回东山母校怀抱”“旧雨新知，情深谊长”“锦绣山河之恋”“彭氏延年福利基金会”“梅州市新世纪互助社”等六个部分。

在自然界里，沙的个体虽微小，但它不畏风暴，作用巨大，偶被赞誉而虚实自惕，不敢骄矜，沙的品质是“不因善小而不为，不因恶小而为之”。彭先生将自己比喻为“沙”，“沙”也是彭先生的真实写照，而且他还把“沙”的品格发扬光大。

1988年，当彭先生重回阔别四十多年的故土时，他就诚恳地提出“我愿尽最大努力帮助大家”。

近20年来，他不仅为家乡的“路”投入了40余万元人民币，还在设计、审定、施工等环节亲力亲为。在家乡修建了一座“彭氏宗亲活动中心”，设立敬老基金、奖学金等。彭先生为我市东山中学等十多所中小学校捐建了教学楼、科学楼、活动场所等，设立了奖教奖学金。他还创立了“梅州市新世纪互助社”，且每年提前支付“互助社”在学孩子的学杂费，确保孩子们安心读书，至2003年，助学名额已达到55人，总投入已达人民币100多万元。据不完全统计，彭先生共捐资公益事业金额达人民币500万元。他投资30多万元人民币，在村内开发了以“三高”农业为主线的“延年农场”，成立“延年农业开发股份有限公司”，并声明农场的一切收益都必须用在改善家乡人民的生活上，家乡人民都异口同声称颂彭先生“功德无量”。

在为家乡的各项事业作贡献的同时，彭先生还努力帮助海峡两岸的各界人士，进行经济、文化、体育的交流，为完成中华民族的伟大复兴添砖加瓦。

细微之处见真情。在这部集编中，我们看到的是彭先生报效家乡的一桩桩好事，看到了彭先生艰苦创业、诚信待人、乐于奉献、不求回报的传统美德。正如彭先生所言：一个人做点好事是应该的，得到了社会的认可就是最大的荣誉。这就是沙的品格，这也是这部集编的精髓所在。

（摘自《梅州日报》）

（选自《东中校刊》复刊第二十四期）

身在台湾情系故土

——记旅台实业家彭湓波先生

邓富锐

今年10月底，世界客属第二十一届恳亲大会又将在台湾举行。8年前，台湾曾主办过世界客属第十四届恳亲大会，其中一个情节令人至今难以忘怀。那次恳亲会的主题是“联谊·恳亲·交流·发展”，参会各方有一个共同的约定，就是大会会场只悬挂世界客属会旗，不悬挂具有政治标志的旗帜。但是，在第十四届恳亲大会会场，主办方公然悬挂当地“国旗”，大陆代表团当即上台抗议并离开了会场。事后才意识到吃、住、行等诸多难题摆在团员们面前。正当代表团成员处于尴尬困境之时，一位热心的老先生毅然走来安慰大陆乡亲，为他们接风洗尘，并安排好后续行程。他就是旅台实业家——乡贤彭湓波先生。世界客属第十四届恳亲大会期间，彭湓波不避时政之嫌的义举，给人们留下了深刻的印象。更令人感动和钦佩的是，长期以来，他勇当开路先锋，支持家乡建设，不遗余力反对“台独”。

报效家乡　支持农村建设

彭湓波是我市回乡台胞中较早关注农村、支持山区建设的人。

彭湓波出生于蕉岭县新铺镇北方村樟坑，1946年春到达台湾，1971年闯荡商海，加入了其妻兄、旅日经济专家邱永汉先生开办的邱永汉公司。凭着勤劳刻苦、敢为人先的一股闯劲和聪明的头脑，公司快速发展，积聚了丰厚的财力。

“悠悠寸草心，报得三春晖。”1988年10月，彭淦波踏上了魂牵梦萦40年的故土，发现农村不少人还处于贫穷落后状态。他诚恳地提出：“我愿尽最大努力帮助大家，使大家老有所养，壮有所用，青少年能受教育。我要为改变樟坑的面貌，为农村建设出一份绵薄之力。”

怎样实现自己的诺言？在外闯荡了几十年的彭淦波，目睹了中国台湾和韩国成为“四小龙”的全过程。他山之石可以攻玉。他认为，台湾地区快速修建道路和韩国建设好新农村、实现城乡一体化迅速崛起的成功经验值得学习借鉴。彭淦波把建设家园作为义不容辞的责任。从1988年开始，他投入近200万元人民币修通北方村樟坑到新铺和石扇的公路和沿路凉亭。公路开通后，樟坑和邻村的农产品等，不到半个小时就可直售梅城或蕉城，促进了乡村的生产发展，解决了村民行路难问题。

1996年，彭淦波又出资70多万元人民币，引入先进科技、人才和新作物品种，开发了以“三高”农业为主线的“延年农场”，成立“延年农业开发股份有限公司”，农场的一切收益用于改善家乡人民的生活。村里的青壮年劳动力有了就业机会，村民生活逐渐宽裕起来，村民对生存环境的要求也随之提高。为此，彭淦波又出资治理乡村周边环境，植树造林，保护青山绿水，使村容村貌焕然一新。为提高村民素质，彭淦波专门修建了一座活动中心，购买文体活动器材，订购报纸杂志，丰富了村民的精神生活。

由于管理科学，“延年农场”不断发展壮大，购建了不少旅游设施，使之发展成为“黄蜂山庄”旅游景区，并免费供游人游览。为使公益事业生生不息，彭淦波出资成立了“彭氏延年福利基金会”，为全村村民的福利服务，每年的春节、端午节、中秋节，凡七十岁以上的老人都能得到慰问金；还设立了奖学金，凡读高中和大中专的学子，每学期的费用都由他全包，解决了村民的后顾之忧。

情倾教育　兴学育才

彭淦波是我市籍台胞中捐赠大额资金兴办教育的第一人。

彭淦波深知教育对社会发展的重要性。1989年，有着母校情结的彭淦波，带着大笔资金回乡，在东山中学捐建“贤士体艺楼”，不久又捐建了“豪勉体育中心”，还与人合建了电教楼。在他读过书或任过教的悦来小学、梅北中学、东山中学、学艺中学、岭梅财经学校、华侨中学、蕉岭中学、新铺中学、金山小学等，捐建教学楼、科学楼、师生餐厅、贤士桥、教室、校门、体育场、篮球场、羽毛球场，捐赠教学仪器等。年过古稀的他，还奔赴各地联络和资助东中校友连续十五年不间断回母校参加校庆，捐资建设母校，终于建成了数十年校友们梦寐以求的U字形校园。同时，他还发动校友在智力上支持东中，为母校跻身全国一流强校而努力。

彭淦波尤为关注师资力量和学生素质。不仅自己设立奖教奖学金，以儿子彭以豪的名义设立奖教金，以老师廖苾光的名义设立“廖苾光美德奖”，还动员其他台湾校友设立奖学金；不仅在东中设立奖教奖学金，而且还在其他学校以先人或者老师的名义设立奖教奖学金。

尊师重教是中华民族的优良传统，彭淦波正是用实际行动来体现这种美德的。1923至1928年曾任东中校长的彭精一先生，于1993年4月1日返校参加东中八十周年校庆。时年已70多岁的彭淦波，扶着100岁高龄的老校长，长途跋涉回东中参加校庆，其尊师敬老之心令人肃然起敬！从1988年开始，彭淦波每年都前往拜谒廖苾光老师直至其去世，还资助廖苾光出版其著作《风雨东山》和《东山三友集》。廖苾光去世后，彭淦波又资助出版《追思集》、出版恩师的《油油草堂杂荟》等。翻开《东山丛书》，由他独资或合资赞助的书就有13部。

乐善好施　扶贫助弱

彭淦波还是我市籍台胞中捐赠大额资金兴办公益事业的第一人。

彭淦波的仁爱美德有口皆碑。他每次回乡都不要侨务部门的车接送，而是坐三轮车或的士。他在用自己独特的方式扶贫助弱，用他的话说，就是“要尽量帮助下岗工人，让他们有饭吃”。简朴的话语，道出了彭淦波的慈善心肠。

彭淦波扶贫助弱、培育英才的善举被传为美谈。1995年，彭淦波慷慨资助东山中学、华侨中学、梅北中学5名贫困家庭孩子读完大学、中专。此后，这一善举从未间断过。除了每年捐助2000元给“希望工程”外，还创立了“梅州市新世纪互助社”，每年提前支付“互助社”在学孩子的学杂费，确保孩子们安心读书。至2006年，共助学55人，资助金额已达100多万元。据不完全统计，彭淦波累计捐资公益事业700多万元人民币。

反对“台独”　不遗余力

反对“台独”，共同完成中华民族的伟大复兴是彭淦波的一贯主张。台湾开放赴大陆投资后，彭淦波就要求其公司前往上海设立办事处，继而设立分公司、公司。2004年，台湾地区“大选”期间，彭淦波提前返回台湾，不怕黑恶势力的迫害，力挺反“台独”的国民党候选人连战。十多年来，彭淦波不仅不遗余力反对“台独”，还力促海峡两岸各界人士加强沟通往来，促进经济与文化交流，为实现祖国统一和中华振兴尽心竭力。

鉴于彭淦波的巨大贡献，梅州市在评选“荣誉市民”时，曾多次派人前往征求其意见，但都被他婉拒了。彭淦波说：“一个人做点好事是应该的，荣誉不需要形式，得到了社会的认可就是最大的荣誉。”是的，一个人做点好事并不难，难的是一辈子做好事。彭淦波所做的一桩桩好事、实事，父老乡亲有目共睹。他热爱祖国家园的执着和惠荫桑梓的深情，乡亲们不会忘记。

（摘自2006年8月28日《梅州日报》）

（选自《东中校刊》复刊第二十六期）

学子榜样　校友楷模

——小记在台北拜候彭淦波老校友

温绍权

2014年6月2日至9日，我和夫人丘碧玉（1963年东中初中毕业）参加深圳组团的赴台湾自由行，趁6月8日在台北活动一天的机会，专门到台北市罗斯福路拜候十几年未见面的东山中学老校友、93岁高龄、德高望重的彭淦波先生。下午3时30分我们来到淦波先生住地，老先生和他的二公子以勉先生在小客厅热情地迎接我们，我上前向他鞠躬并握手，他很快认出我是当年的温校长，并激动地拉着我的手久久不放，连声说欢迎、欢迎！

我向他说明，这次趁赴台机会专门拜候老人家有三层意思：一是感谢老人家在我任校东中期间对我的支持和关爱，感谢老校友连续十几年不间断回母校参加校庆活动，捐资建楼，引资助校，陪护百岁老校长彭精一先生由台返校参加八十周年校庆活动，扶掖后学，设立专门奖学金，长期支持贫困学子上大学等。二是转达现任校长安国强先生和在校师生的问候，转交安校长的亲笔信及母校邀请老人家担任校董会理事的邀请函。三是祝福老人家健康长寿，幸福吉祥。

老人家愉快地说，感谢母校对他的记挂，希望母校越办越好，对安校长的亲笔信和母校的邀请函，他会慢慢看，细细读。

据以勉先生介绍，老先生和夫人与他一块居住，请了用人帮忙，老人家每天生活有规律，下午都借助金属移步架在客厅内坚持走动、锻炼，起居饮食都正常。交谈中，老先生声音洪亮，时而露出当年返母校作报告时的飞扬神采和幽默神情。

交谈期间，淦波学长询问了母校的发展变化和他熟悉的老东中人，如曾宪梓、罗传厚、朱文澎、杨昭尊等。还特别问及何万真市长、邓富彝主任等人的情况，慈爱之情，溢于言表，动情之处，眼角还沁出泪花，深感老先生对东中的眷恋、热爱，对东中人和老朋友的厚意深情，不愧是学子的榜样、校友的楷模。不知不觉时间就过了40多分钟，我们起身告辞，老人家慢慢地站起来，深情地挥手送我们离开，我们也再三挥手祝福他老人家健康、幸福。

（选自《东中校刊》复刊第三十四期）

彭淦波：满怀赤诚桑梓情

梅州市外事侨务局　邓　锐

2017年11月4日，梅州乡贤、台湾同胞彭淦波先生与世长辞，享年97岁。彭淦波先生是我市台胞中捐赠大额资金兴办教育的第一人；是我市台胞中及最早捐赠大额资金兴办公益事业的第一人；是我市回乡台胞中提出建设新农村的第一人；在反“独”促统上，彭淦波先生还是一位坚定的爱国者。

因工作关系，从1990年起，笔者就与彭淦波先生成为莫逆之交。在彭淦波先生逝世一周年之际，谨以此文纪念这位老友。

深厚的东山情结

1922年，彭淦波出生于蕉岭新铺镇北方村樟坑。年幼时随做生意的父亲在梅县乡村长大，先后在悦来公学、梅北中学完成小学至初中学业，1937—1940年在东山中学完成高中学业。

彭淦波曾对笔者说："从小学到大学整个读书过程，最值得回忆的是高中阶段。因为小学是贪玩游戏时代，初中智力方起步，大学则是上完课各走各的路，毫无关系。而高中则不同，智力正向前发展的时期，学习在这里，生活在这里，朝夕相处感情自然发生。所以母校东山中学在我一生学习生活中最值得回忆。"

1937年，彭淦波在东山中学高中学习期间，时任八路军参谋长、并协同周恩来在国民党统治区做统战工作的叶剑英，从武汉写信给校长肖木麟，肖木麟随即把信贴在布告栏内，信的内容为："声华之友，以利相交则争先，利尽交疏。道义之友，团结不懈，成则为周武三千，败则为田横五百……回忆东山风雨，渺若江河……"叶剑英的英雄气概和远大眼光感动了彭淦波，点燃了他的爱国爱乡热情。

"不富无以养民情，不教无以理民性。"彭淦波深知教育对社会发展的重要。抗日期间，为扫除文盲，宣传抗日，东山中学学生会在附近农村设有夜校，彭淦波每天晚上都手持一盏煤油灯，经过40多分钟的行程，前往周溪旁的农村夜校为六七十个村民上课，为中国的扫盲运动添砖加瓦。

抢抓先机成为知名实业家

1940年，彭淦波考入中山大学法律系，1945年毕业后回到梅北中学任教。1946年春，因朋友推介，彭淦波到台湾发展，先后担任省立台南女子中学的教职，任台湾电力公司台南分公司和新竹分公司的单位主管。1968年，担任了20多年课长的彭淦波退休了。退休后，不甘寂寞的他又办起了实业，创办了豪勉科技股份有限公司。

1971年，台湾开始大力提倡发展工商业，并以十项建设推动其发展。为抢抓先机，1972年，彭淦波与其妻兄、旅日经济专家邱永汉在巨贾汇集的台南合作开办了一个颇负盛名的“永汉工业区”，购置了广阔的甘蔗园地和若干荒地，开展规划设计，完善供水、排水、供电等基础设施，“筑巢引凤”。不久，工业区的土地快速升值，该公司得以快速发展起来。彭淦波成为当地知名的实业家。

不遗余力为家乡教育奔忙

1988年，彭淦波去台后首次返回家乡。面对家乡百废待兴的教育事业，他充分认识到办好学校，硬件设施十分重要。

第二年，即1989年，当时大陆还不欢迎台湾地区的教育捐资，有着浓厚东山情结的彭淦波，在阔别母校49年后，首次以台湾校友的身份，回到东中，参加七十六周年校庆。

当时，因发展需要，东山中学急需兴建四项工程——体艺楼、大礼堂、校友楼、电教楼，校长朱文澎心急火燎：如此庞大的工程，去哪里筹集这么多钱？这些工程在当时被许多人认定是不可能实现的项目。然而，深爱母校的彭淦波却毅然向朱文澎校长表示，这四项工程很迫切，自己将尽力促其完成。

君子一言，驷马难追。回到台湾后，彭淦波为此愁得吃不下饭，睡不着觉。为了实现目标，年过古稀的他，奔赴各地联络和劝说东中校友回母校参加校庆并捐资。

1990年1月，彭淦波用皮包带着大笔现金回乡，在东山中学率先捐建“贤士体艺楼”。1991年，曾宪梓先生应允捐建大礼堂，四项工程就剩下了两项。同年11月，彭淦波被邀请回到广州观看第一届世界女足比赛，在为老师廖苾光教授庆祝九十大寿寿宴上，彭淦波问饶占广：“印尼校友敲定捐建校友楼还是电教楼？”在彭淦波的推动下，饶占广选定捐建校友楼，并定于12月2日回梅举行校友楼奠基仪式。事后，饶占广打趣道：“吃了淦波先生一顿饭，害得我三天三夜‘无睡目’。”

1993年东中举行八十周年校庆及宪梓大礼堂、校友楼、电教楼落成剪彩典礼。由于三项工程建筑质量均佳，旅印尼校友李昆章异常高兴，在庆祝大会上宣布捐建一座科学馆。

除了捐建硬件设施，彭淦波尤为关注师资力量和学生素质。不仅自己设立奖教奖学金，以儿子彭以豪的名义设立奖教金，以老师廖苾光教授的名义设立“廖苾光美德奖”，还动员其他台湾校友设立奖学金；不仅在东中设立奖教奖学金，而且还在其他学校以先人或者老师的名义设立奖教奖学金。1995年，彭淦波还慷慨资助东山中学、华侨中学、梅北中学五名贫困家庭孩子读完大学或中专。此后，这一善举从未间断过。至2006年，共助学55人，资助金额达100多万元。

勇当开路先锋，支持家乡建设

悠悠寸草心，报得三春晖。彭淦波不仅支持家乡教育事业，还勇当开路先锋，支持家乡建设。他自1988年10月踏上了魂牵梦萦40年的故土，就诚恳地向家乡父老提出："我愿尽最大努力帮助大家，让大家老有所养，壮有所用，青少年能受教育，愿为改变樟坑的面貌、为建设新农村出一份绵薄之力。"

从1988年开始，彭淦波投入近200万元人民币修路（北方村樟坑—新石，即新铺—石扇）及沿路凉亭。公路开通后，樟坑和邻村的农产品等，不到半个小时就可直售梅州或蕉城，促进了乡村的生产发展，解决了村民行路难问题。

1996年，彭淦波又出资近70多万元人民币，引入先进科技，引进人才和新作物品种，开发了以"三高"农业为主线的"延年农场"，成立"延年农业开发股份有限公司"，且农场的一切收益用于改善家乡人民的生活。村里的青壮年劳动力有了就业机会，村民生活逐渐宽裕起来，村民对生存环境的要求也随之提高了。为此，彭淦波又出资修整祠堂，植树造林，保护青山绿水，使村容村貌焕然一新。为提高村民们素质，彭淦波专门修建了一座"彭氏宗亲活动"中心，购买文体活动器材，订购报纸杂志，丰富了村民的精神生活。

由于管理科学，"延年农场"不断发展壮大。后又购建了不少旅游设施，延年农场发展成为"黄蜂山庄"旅游景区，免费供游人游览，以展示新农村的面貌。为使公益事业生生不息，彭淦波出资成立了"彭氏延年福利基金会"，为全村村民的福利服务，每年春节、中秋，凡70岁以上的老人都能得到慰问金。同时设立了奖学金，凡读高中和大中专的学子，每学期的费用都由他全包，解决了村民的后顾之忧。

此外为了写好梅州的历史，讲好梅州故事，弘扬梅州文化，彭淦波身体力行宣传太平天国，宣传罗芳伯的事迹，宣传“梅州侨批”的历史贡献和现实作用，支持“梅州侨批”向省档案局、国家档案局、亚太联合国教科文组织和联合国教科文组织申报“记忆性历史文化遗产”，并资助出版了《太平天国梅州征战记》《梅州华侨华人史》《梅州侨批》等。

反“独”促统为实现祖国统一

反对“台独”，共同完成中华民族的伟大复兴是彭淦波的一贯主张。2004年，台湾地区领导人选举期间，彭淦波从大陆提前返回台湾。他无惧黑暗势力的迫害，力挺反“台独”的国民党候选人连战，并准备了晚宴，一旦连战当选马上庆祝。连战失利了，彭淦波取消晚宴，第二天早上就飞回梅州。

彭淦波不仅不遗余力反对“台独”，还力促海峡两岸各界人士加强沟通往来，促进经济与文化交流，为实现祖国统一和振兴中华尽心竭力。

由于彭淦波的杰出贡献，梅州市政府在评选“荣誉市民”时，曾多次派人前往征求意见，但都被他婉拒了。彭淦波说：“一个人做点好事是应该的，荣誉不需要形式，得到了社会的认可就是最大的荣誉。”

由于众人的不断推介，2006年，经梅州市政府提请，市人大常委会第十七次会议决定，彭淦波积极支持家乡各项公益事业建设，累计捐资1 020万元人民币，授予他第六批“梅州市荣誉市民”光荣称号。

（选自《东中校刊》复刊第三十八期）

7 人物

责编：何碧帆 版式：叶丽郁 校对：熊惠芬 邮箱：mzrbfk@163.com 电话：2240079

梅州日报 2018年11月21日 星期三

彭淦波 满怀赤诚桑梓情

导语 2017年11月4日，梅州乡贤、台湾同胞彭淦波先生与世长辞，享年97岁。彭淦波先生是我市台胞中捐赠大额资金兴办教育的第一人；是我市台胞中及最早捐赠大额资金兴办公益事业的第一人；是我市回乡台胞中提出建设新农村的第一人；在反独促统上，彭淦波先生还是一位坚定的爱国者。

因工作关系，从1990年开始，笔者就与彭淦波先生成为莫逆之交。在彭淦波先生逝世一周年之际，谨以此文纪念这位为我市教育事业做出重要贡献的老友。

□邓锐

深厚的东山情结

彭淦波（前排中）向助学对象发放助学金

彭淦波的幸福一家

不遗余力为家乡教育奔忙

勇当开路先锋，支持家乡建设

"反独"促统为实现祖国统一

尊敬的淦波学长

八十周年校庆活动的空前隆重热烈震动了社会，其中最为成功处除了由阁下倡导策划并为之奔走操劳的四项工程圆满完成外，百岁老校长归宁，大大提高了庆祝活动规格，使庆祝活动推向了高潮。可以这样说，八十周年庆祝活动的成功，学长阁下是第一大功臣。母校师生是不会忘记学长在东山中学发展历史上所作出的这一大贡献的。现在校庆震动还余波未息，除印尼李昆章先生在大会期间认捐一座大楼外，4月10日香港黄华校友（重修校门捐资人）归宁学校，又认捐一百万元奖教金，分五年每年20万元作为奖励教师之用。海内外校友对母校的热情关心，激励着我们在校工作的师生员工为把东山中学办得更出色而努力。

现有几件事说明：

1. 校庆题碑内容，飞霞师早拟就，由于校庆匆忙，忘记及时请学长题写，十分抱歉。现随信附上，请最近写好寄回母校，以便编印校刊资料用。

2. 附上校庆集体照片伍张，请学长分送，除老校长及学长本人外，其他由学长主意分发。两张欢迎照片：一张送老校长，一张送学长。其他照片待整理后再送学长。

3. 宗新民先生奖学金条例，我们根据学校情况作了部分修改，奖励对象是高中一、二年级学生，高三的已有专项奖金，考虑不再设立。现随信呈宗先生。

4. 《三友集》托思议先生带上拾本。

祝

合家幸福

后学：温

一九九三年四月十二日

东中母校温校长来函

（选自《沙——彭淦波集编》2004，第48页）

淦波學長鈞鑒：

頃接大函，無限欣喜！學長托古光先生帶交的伍万港圓已經收到，關濟及時，謹此致謝！

“賢士體藝樓”正緊張施工中，刻已升至三樓，估計十二月中旬左右可以封頂，全部拿下主體工程。樓名題字正擬請葉省長揮毫繕寫，樓名構築規格（包括顏色、大小、陽文还是陰文等）請來函示知，以便及早定型設計。

關於八十週年紀念大禮堂籌建一事，確是喜訊頻傳，印尼諸校友慷慨解囊爭相響應之舉，令人振奮。此皆學長奔走呼號斡旋之功也，盼學長繼續與古廣校友聯繫，促其實現，他日大樓落成剪綵，學長不愧為第一功臣，良可賀也。

朱校長到上海學習，明年一月中旬可結束返校，有關情況，當會馳函滙報。

此覆，即請

大安！

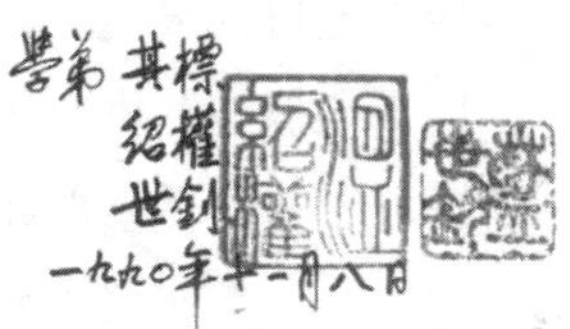

东中母校校长来信

（选自《沙——彭淦波集编》2004，第36页）

缱绻情怀思故里，赤子丹心报春晖

——旅台乡贤彭淦波先生捐资公益事业纪实

彭钦文

一

彭淦波家名丙兴，小学就读于家乡新民小学，五年级转读父亲彭贤士经商处之悦来公学，后再转学石扇梅北初中毕业，考入东山中学高中时改名为淦波，1940年毕业。1941年考入广西大学，1942年转入中山大学法学院至毕业，彭淦波历经抗日战争的艰苦磨炼，养成了他刻苦坚强、爱国爱乡、尊师怀友、热情好义的优美品格。虽然淦波本人的自述："在班中学业成绩不算优异，对学生活动不活跃出头，算是默默无闻的小兵，连班中的班会都没有担任过什么干事之类的职务，更谈不上班代表学生会的干部。"（摘自《东中校刊》复刊第八期）但据他共班同学李清祥所写的一篇文章介绍："淦波一贯学习勤奋，做事严谨认真，一丝不苟。

记得1938年粤东区十几间中学的高二、高三学生全部集中梅县集训，结业后，军训团忽然下令，要各校派一个队集中进行操练比赛。由于时间紧迫，同学一致推选淦波同学为'司令'。彭淦波临时受命，充满信心地说：'大家不要怕，东中学生决不能丢人。在考场上我们名列前茅；在球场上我们也敢夺桂冠；明天在操场上我们定要拔头筹！'一番豪言壮语，大鼓志气。在比赛中，淦波昂首挺胸，领着队伍阔步出列，响亮地喊着口令，指挥若定，有板有眼，整个队伍动作整齐划一，丝毫不乱，当场博得声声赞叹。结果，东中队不负重托，名列榜首。从此，这位粗眉大眼、身板结实、魁梧壮大、虎虎生气的彭淦波一时名声大振，同学们亲昵地叫他‘关东大汉’。以此可见，淦波其人，胸怀大志，胆略过人，柔中带刚，微中见大，非一般小品之器也。”

二

彭淦波虽居穷乡僻壤，却志在四方，亲友长辈谓其非笼中之物。1945年秋，他在中大毕业后，曾回梅北中学任教，时值学期期终考，偶然与其离开东中近五年的廖苾光老师相逢，一拍即合随从去了台湾，任职台南文波学校（纪念粤北抗战阵亡师长），并兼任省立台南女子中学教师，后转台湾电力公司任职20余年，退休后从事商务活动，组建台北豪勉企业（后改科技）股份有限公司，自任董事长。经营半导体设备及原件，网络设计、安装及维修业务。由原有员工三个人，现在增至120人，并在上海设立公司，进军大陆市场。经核定为台湾首家ISO 9002之公司。在新科技行业竞争中，由于其诚信勤俭、经营有方，企业突飞猛进，取得预期的发展。

三

彭淦波在台40余年，半世辛劳，事业有成却不忘家乡。1988年海峡两岸关系较为松动后，他率领侄儿三人和堂兄一人，排除一切困难，终于顺利踏上归途，回到阔别四十余载的故园。他少壮离家老大回，作短暂的羁留，寻根拜祖，访师会友中，感流光易逝，人世沧桑，并为之感慨系之。

久别重逢，离情难释。翌年暮春，彭淦波又一次回乡祭祖，并参加了东山中学建校七十六周年庆诞。算来这是他离开东中母校49年后首次参加的盛大庆祝会。在隆重庆典和学校师生热情接待的过程中，他深受感动，彻夜难眠，为母校的建设想得是那么周详实际，激动地在校庆大会上表示：要连续十年回来参加校庆，破海外校友连续参加校庆金氏纪录，并年年协助母校出项目。他强调不是以豪言惊人，而是以实业家的真挚承诺，实现对母校教育之恩的回报！

彭淦波，言必信，行必果。屈指10年，于1998年校庆八十五周年时，已响亮地完成了他的诺言。他以卓越的智谋，为实现把东中母校推向全国千所示范、百所强校的高远目标，做出了难能可贵的贡献。1998年，该校杨昭尊校长在庆祝东中建校八十五周年暨三项工程落成庆典大会上的讲话中历数："彭淦波先生是海外赤子情系母校最受人敬仰的典范之一。他虽身居台湾，但时时眷恋祖国，心怀母校。自两岸交往有一丝松动时，他就第一个以台湾校友身份回校参加七十六周年校庆。并在那次活动期间，帮助母校策划并指导筹建八十周年纪念四项大型建筑项目，同时他本人第一个承担体育艺术楼工程项目。

这一工程乃是梅州范围内旅台乡贤的第一项捐建工程，此后，他又联系台湾校友乡贤捐建了电化教学楼。1998年再独资捐建豪勉体育中心，并前往香港等地，联系校友饶占广、章生辉、黎次珊、李昆章、刘锦庆等校友为母校捐建校友楼、宪梓大礼堂，为母校八十周年校庆献礼。同时每年资助出版《东中校刊》及《东山丛书》，捐资设立'廖苾光奖学金’。多年来，彭淦波不仅自己带头为母校办实事，而且多方联络旅台乡贤宋新民、李思汉、李奠雁、熊汉萍，校友涂佛庭、杨照生、谢森中、黄清隽、徐流家属等为母校设立奖学金、奖教金。新千禧龙年是他连续第十三年回母校参加校庆，这在梅州市是少有的。彭淦波先生为母校所做的一切都凝结着他热爱母校、热爱乡梓最为感人的崇高精神。”母校师生亦对其敬仰有加，同声赞颂。

此外还要重点一提的是，彭淦波本人不但热心母校建设事业，还成全一件令人难以想象、难能可贵的助人为乐的好事。这就是年届百龄的原东中老校长，曾任梅县、兴宁县县长的彭精一先生，因离家乡达50余年之久，常有思乡之念，每当淦波回乡返台时，他必殷殷垂询故乡情况，特别是听到家乡人民对他的怀念问候和家乡建设的新成就时，他更心潮激荡，喜形于色，主动提出要返梅参加母校校庆的愿望。彭淦波为期颐老人的爱校爱乡的深情所感动，又由于彭老身体条件等实际问题，使淦波处于极端矛盾中，为了理顺和解决好诸多难题，他花尽了心思，与其亲属多方研究，方得完成护送老校长回乡的任务。

1993年3月29日13时许，彭老回乡参加校庆的“梦”终于实现了。游览原县政府、梅江桥等地，所过之处，民众夹道观看百岁老人风采。在校庆大会上，彭老校长神采奕奕，兴致勃勃地讲述了东中建校、停办、复校的历史。并在是晚，于母校为彭老百龄及80岁以上校友安排的祝寿晚会上主切10层生日蛋糕，度过了一个美好难忘的夜晚。精一先生此次回梅虽只短暂的一周，但印象却十分深刻。他在返台后的《回乡杂记》中感赞：“家乡一切都在变，且在进步中，所见所闻更佳。”正是：“喜见云霄白燕飞，百龄人瑞壮征衣。春秋五十还乡梦，夙愿得酬盛感时。”

俗话说：“好景不长，盛筵难再。”1996年春，等彭老再次返乡时已是遗像一张，灵灰一盒了。在梅县东山中学为精一老校长安排的迎灵安座仪式上，淦波无限哀恸地说：“精一老校长生时由我护送回乡，死后也是我护送骨灰而回梅安放。”一片真情，哀思万斛，听者无不黯然神伤，挥泪永别，淦波先生孝悌仁慈，至善也哉！

21世纪新禧伊始，年届80的彭淦波已超越13年时空，连续第十三次回梅参加东中校庆活动，同时颁发由其捐资、以老师名命名的“廖苾光奖学金”，并为《东山丛书》举行献礼仪式，满怀激情地向母校师友交上了13年前的豪壮诺言的圆满答卷。

四

彭淦波情钟东中，也极关心其他公益福利事业、教育事业，关心下一代的成长。更殚精竭虑关切生于斯长于斯的故乡两个文明建设：先后为悦来公学、梅北中学、学艺中学、岭梅财经学校、梅县华侨中学、蕉岭中学、上海梅州市联谊会、彭氏延年公派下樟坑村彭屋及其他由小学到大学的27名贫困生设立奖学金、助学金等，十多年来，统计捐献人民币500万元以上。

彭淦波德邵年高，子贤孙肖，按常理应该功成身退，乐享晚年。然而他却退而不休，老当益壮，把余热倾注到桑梓家园的建设中去，其内心世界究是为何？他坦诚对笔者说：捐资兴建的农场，改造田园庐墓，修筑水利，建桥铺路，营造黄蜂山庄的乐园，成立福利会奖学金，建筑延年活动中心大楼，建彭祖关帝祠、群仙府、茅中缘、亲子园、健身园、长潭一线天、梅江桥、梅园、五峰殿、石禾自然森林园等景点设施，不收门票供客观赏，都是为探本溯源，回报生我育我的故土家园和祖先大德，尽点孝道；也是为祖居的人解决就业开拓门路，鼓励青少年奋发上进，以期达到老有所养、壮有所用、幼有所长、鳏寡孤独废疾者皆有所养，为具有物质精神两个文明的美好农村而奉献微力。彭淦波言简意赅，直抒胸臆，其谋猷远略，诚用心良苦，实为大仁大智大勇之善人也。

淦波在东中校庆大会上曾披露说："我感到家乡的泥土格外芳香，家乡的一草一木异常亲切，家乡亲朋热情友爱，所以我出去以后，一直想回来。我常痴心地想，如果许可的话，能永久住下来多好。"

听其言，观其行。在淦波精心设计的"思亲园"门楼两柱上刻意装缀的"此处堪称风水地，他山不若故园情"的楹联及别具一格的"伴亲亭"之设计用意和其在梅州居住时间占三分之二的计划，明眼人自然可以领会到淦波老翁要树高万丈、叶落归根的儿女情怀！

选自《梅县侨声》杂志2002年总第91期

（选自《沙——彭淦波集编》2004，第172—173页）

廖苾光老师来信

淦波同学：

昨天收到你1990年5月9日写的信，我看到这个日期，不禁悲从中来，因为我的夫人，就在你写這封信的这天——5月9日早晨去世了。你在信后面写上“师母均此未另”时，她已到另一个世界去了。不过她没有受疾病的折磨，是安乐地自然地走了的。她85岁了。逝者安然去了，生者情何以堪！然而这是无可奈何的事，因为这就是人生。

现在，就你来信中所提及的问题，谈一谈我的看法，由于我精神、情绪尚未完全恢复，执笔困难，所以只能简单地谈一下。

一，你说，你“三次回鄉所做所为，是否值得？”

我说很值得，有很大作用。别的方面暂且不说，单就学校教育来说，你每次回来都关心教育，参加母校的校庆活动，捐资为母校建设，关心校友，参加校友的欢会。这些作为，使消沉的学校领导振作起精神，看到了前途和希望。使在校的学生受到鼓励，加强了学习的信心。校友方面，由于受过文革时候“六親不認”、“五伦丧尽”的恶影响，人与人之间已没有什么人情、友谊，所谓校友、母校等观念，家鄉观念都淡薄了。你每次回来都喜欢与校友聚会，而且又喜欢谈当年在校读书时的生活、学習、各种各样的活动，谈到某些同学、某些老师的有趣的可笑的情况。这些都是怀舊親情的表现，引發出对母校的向心力，激發出校友间的凝聚力。只此已足说明你三次回来探親的巨大作用，而其他的对社会的影响，更不用我说了。

二，关于你設想在东山、梅北設立奖、助学金的事，这是非常有益的好事。对于提高家鄉的文化，发展家鄉教育，培養家鄉的能为国家社会作贡献的人才，是十分有意义的。至于用什么名称，我以为这件事情的本身就不是纪念性質的，而是实用性的，所以不適于從过去的许多校长中选擇某一校长来命名，应该以創辦这一善举的人的名義命名，即“彭淦波奖学助学金……”鉴于其他学校，亦未闻以舊校长的名义以名設的事例的。不过創設这个善举之后，学校必须订條例，以管理、使用此款。

三，关于临溪别墅的事，是鄉人熟知的行为，不必再赘，并请你见谅。

梅華同学的信，已由清祥转来了。请先向梅華同学致候，容待身心稍为安定后再行作复致谢。現心绪不寧，书写困难，草草写此，顺祝

萬事如意

苾光

1990.5.31

廖蕊光老师来信

淦波同学：

感谢你的热诚和厚意，我回到了久别数十年的家乡，看到了家乡特别是东山中学和梅北中学的巨大变化，见到了许多几十年未见面的当年的东山同学。最难得的是去到了我66年前在那里开始教书生涯的原始地——樟坑村，在这里已看不见当年的新民学校在你们家里，只看到两个当年的学生，而且都已由儿童变成老头了。举目所见，惟有青山依旧，绿水长流，而人物已大变了。当我沿着两面青山，一溪流水，离去樟坑村时，引起了我无限的怀想，想起当年每日听四姑宫的晨钟暮鼓的学校，想起那些少小情亲的学生，也想起村中各姓的亲切友好的朋友。当然这些都只是成为一种想像。但感谢你使我得到一次不能忘记的旧地重游，我也感到心满意足了。

在梅县住的短短的几天中，你对我可以说是无微不至的关怀爱护，是我长怀于心的感激。当时有个校友对我说："那么久没有见面的学生，见到你都那样热情亲切，特别是淦波对你，事无大小，都那样关怀备至。他劝我可以像写"我在东山"一样，写一篇"我的学生"，在师道不传的今天，可以提起人们尊师的作用。""写文章不一定有什么作用，事在人为。"我说。

在客都宾馆时，你对我说：以后要出什么书就告诉你。这给了我一种鼓励。现在我想把吴剑青先生、林浪光先生的诗收集起来，连同我的合印成一本诗集，书名就叫做"东山三友诗选"，你以为好不好，也可作为对东中80周年大庆的献礼。

从梅县回来，虽然长途跋涉，身体没有什么大影响。今后也还想写一些东西，使精神有所寄托，脑力可以得到运动。好，就此谨祝

合家吉庆，财源广进

请代候

志平同学

蕊光

1990.4.29.

廖苾光老师来信

淦波同学：

收到你由梅华同学带来的信，已一个多月了。现在才来动笔作复，我不作任何的解释，只请你原谅。

今年是我一生中最难忘的一年，这你是很清楚的。约我回去参加东中的校庆，出版东中专题校刊，又还参加了梅北的校庆，特别是万里归来，在广州为我生日祝寿。这些都花费了你很多钱财，但使我得到了平生最大的安慰。而且我时常想念能有个机会再到樟坑村看一看我一生从事于教育事业的策源地，这也达到了目的。只可惜青山依旧，人物全非。当年的学校已踪影全无，昔日的乡亲，已零落无多。不免令人感慨不已。而眼前的山山水水，田园庐舍，又触起我深沉的回思。美好的石峰径遭到如此的破坏，又使人对家乡感到失望。愚昧无知是不能建设新社会的。

你这样盛情厚意，那样苦心安排为我祝寿，实在愧不敢当。的话，如果你事前向我提出来，我万万不敢接受的。那天在寿宴上，我要讲句话，激动得讲不出话来。想到我在垂暮之年，得到了你的厚爱，内心感到莫大的慰藉。鼓起了我向百岁前进又前进的信心。谨祝愿你事业兴隆，万事如意。谨此敬复，并祝

平安

（祝生日之照片贺词贺电等，业已寄给淦祥）

恩汉先生请代候

苾光

1990.12.1.

廖苾光教授手写信

（选自《沙——彭淦波集编》2004，第37—39页）

彭淦波先生的家乡情结

梅州市外事侨务局　邓　锐

2017年10月4日，梅州人民的好朋友、台湾同胞彭淦波先生与世长辞，享年97岁。

从1990年开始，我就与彭淦波先生成为忘年之交、莫逆之交。彭淦波先生是我市台胞中捐赠大额资金兴办教育的第一人；是我市台胞中最早捐赠大额资金兴办公益事业的第一人；是我市回乡台胞中提出建设新农村的第一人；在反“独”促统上，彭淦波先生还是一位坚定的爱国者。

一、彭淦波先生奇人奇事

彭淦波先生是秉承客家精神，不辞辛劳、简朴笃实、克勤克俭、慎终追远地继承优良传统的杰出的客家人；他是企业家，创办了台湾豪勉科技股份有限公司，他富有前瞻性和乐观向上的特性，促使他努力拓展公司业务，取得骄人成绩；他是慈善家，积极支持家乡各项公益事业建设，累计捐资1 020多万元人民币，他的明德善行，深受社会各界人士敬佩；他是社会活动家，热心社会事务，积极为社会贡献聪明才智，他曾担任台北梅县同乡会会长、东山中学旅台北校友会会长和蕉岭县新铺中学名誉校长等职。

1922年，彭淦波先生出生于蕉岭新铺镇北方村樟坑。年幼时彭淦波先生随经营生意的父亲在梅县乡村长大、就学，先后在悦来公学、梅北中学、东山中学完成小学、中学学业。1945年中山大学毕业后在梅北中学任教。1946年春，彭淦波先生到达台湾。凭着天赋的聪明和社交的艺术，先后担任省立台南女子中学的教职、任台湾电力公司台南分公司和新竹分公司的单位主管。自台湾电力公司退休后，办起了实业，创建了豪勉科技股份有限公司。

1971年，台湾开始大力提倡发展工商业，并以十项建设推动其发展。为此，1972年，彭淦波先生与其妻兄旅日经济专家邱永汉先生在巨贾汇集的台南合作开办了一个颇负盛名的“永汉工业区”，购置了广阔的甘蔗园地和若干荒地，在这个广阔的土地上规划完善供水、排水、供电等基础设施，开展“筑巢引凤”的各项工作。由于形势的快速发展，不久，工业区的土地快速升值，该公司得以快速发展起来。1988年，彭淦波先生离乡背井40多年后，重踏魂牵梦萦的故土。

二、彭淦波先生与东山中学

彭淦波先生时常向我谈起：“从小学到大学整个读书过程，最值得回忆的是高中阶段。因为小学是贪玩游戏时代，初中智力方起步，大学则是上完课各走各的路，毫无关系。而高中则不同，是智力正向前发展的时期，学习在这里，生活在这里，朝夕相处感情自然发生，所谓日久生情，所以母校在我一生学习生活中最值得回忆。”

抗战时期，彭淦波先生在东山中学参加高中三年学习。1937年，叶帅从武汉写信给肖木麟校长，校长把信贴在布告栏内：“声华之友，以利相交则争先，利尽交疏。道义之友，团结不懈，成则为周武三千，败则为田横五百，可常可变，可生可死。他日东西异地，南北异途，显晦异时，荣枯异遇，回忆东山风雨，渺若江河……”“回忆东山风雨，渺若江河”，这是指1913年由叶帅领导的东山学潮，意思是当时的学潮算不得什么，非常渺小，现在我正向大洋大海似的国家前途努力。叶帅的英雄气概和远大的眼光感动了彭淦波先生，点燃了彭淦波先生的爱国爱乡热情。

“不富无以养民情，不教无以理民性。”彭淦波先生深知教育对社会发展之重要，情倾教育，兴学育才。抗日期间，为扫除文盲，宣传抗日，东山母校学生会在附近农村设有夜校。彭淦波先生每天晚上都手持一盏煤油风灯，经过40多分钟的行程，前往周溪旁为六七十人上课，为中国的扫盲运动添砖加瓦。

1988年，彭淦波先生去台后首次返回家乡，面对家乡百废待兴的教育事业，他充分认识到办好学校，硬件设施十分重要。1989年，当时大陆还不欢迎台湾的教育捐资，有着母校情结的彭淦波先生，在阔别母校49年后，首个以台湾校友的身份，回到东中参加七十六周年校庆。面对百废待兴的母校，面对东中领导与校友们提出急需兴建的四项工程：体艺楼、大礼堂、校友楼、电教楼，彭淦波先生心潮澎湃，而时任校长朱文澎心急火燎：这是庞大的工程，去哪里筹集这么多钱？这些工程被许多人认定为不可能实现的项目，在困难重重中，深爱母校的彭淦波先生却毅然地向朱文澎校长表示，这四项工程很迫切，自己将尽力促其完成。君子一言，驷马难追啊！回到台湾后，彭淦波先生为此愁得吃不下饭，睡不着觉，为了实现目标，年过古稀的他，还奔赴各地联络东中校友，劝说大家捐资建设母校。

1990年1月，彭淦波先生率先认捐了体艺楼。不久即毅然决然带着大笔资金回乡，在东山中学捐建“贤士体艺楼”。1991年，曾宪梓先生应允捐建大礼堂，四项工程就剩下了两项。同年11月，彭淦波先生被邀请回到广州观看第一届世界女足比赛，在为老师廖苾光教授庆祝九十大寿寿宴上，彭淦波先生问饶占广：“印尼校友敲定捐建校友楼还是电教楼？”在彭淦波先生的“鼓动”下，饶占广选定捐建校友楼，并定12月2日回梅举行校友楼奠基仪式。事后，占广先生打趣道：“吃了淦波先生一顿饭，害得我三天三夜‘无睡目’。”彭淦波先生又何尝不是。1993年东中举行八十周年校庆及宪梓大礼堂、校友楼、电教楼落成剪彩典礼。由于三项工程建筑质量均佳，旅印尼校友李昆章异常高兴，在庆祝大会上宣布捐建一座科学馆。

两年后，为迎接八十五周年校庆的到来，东中又制订了新的三项工程计划。不久，黎次珊认捐教学指挥中心（后定名为八五祝如纪念大楼）。在彭淦波先生促成下，旅印尼校友、一贯热心支持母校建设的章生辉先生承担了文化馆工程（即雪云纪念大楼）。不久彭淦波先生又捐建了“豪勉体育中心”，与人合建了电教楼，终于建成了数十年校友们梦寐以求的U形校园。

彭淦波先生尤为关注师资力量和学生素质。不仅自己设立奖教奖学金，以儿子彭以豪的名义设立奖教金，以老师廖苾光教授的名义设立“廖苾光美德奖”，还动员其他台湾校友设立奖学金；不仅在东中设立奖教奖学金，而且还在其他学校以先人或者老师的名义设立奖教奖学金。

尊师重教是中华民族的优良传统，彭淦波先生正是用实际行动来体现这种美德的。1923至1928年曾任东中校长的彭精一先生，于1993年4月1日返校参加东中八十周年校庆，时年已70多岁的彭先生，扶着100岁高龄的老校长，长途跋涉带老校长回东中参加校庆，尊师敬老之心，毫发可见！从1988年开始，彭淦波先生每年都前往拜谒廖苾光老师直至廖先生逝世。还资助廖苾光出版其著作《风雨东山》和《东山三友集》。廖苾光仙逝后，又资助出版《追思集》和恩师的《油油草堂杂荟》等。翻开《东山丛书》，由他独资或合资赞助的就有13部，其尊师重教之精神确实难能可贵。

彭淦波先生连起了母校情结，也连起了海峡两岸的血肉之情。自从参加七十六周年校庆返台后，他每次返台，都要到东中老校长、梅县老县长彭精一先生家中，向老人家汇报母校的情况。精一先生时刻思念故乡，很想回来看一看，其时，虽说彭老身体还硬朗，毕竟已是97岁高龄的老人了，儿女都不大放心他回乡，为促成老校长回母校，彭淦波先生用了三年时间，与彭老亲属沟通，与在台校友研究方案。终于，精一先生决定于八十周年校庆时间回梅。为保证万无一失，彭淦波先生作出了十分周密的回乡计划，并为老人准备了轮椅、救心丹等一批应急物品。1993年4月1日，精一先生回到东中，参加了八十周年校庆，并与东中师生、校友们一起，在母校庆祝自己的百岁诞辰，此事成为东中历史上的一段佳话。

在彭淦波先生的促成下，一批又一批旅台校友、乡贤重返东中，重返故园。涂佛庭、宋新民、杨齐生、李奠雁、熊汉萍、李思汉、谢森中、曾联兴、徐流、徐政讦、彭以豪等，他们还在东中设立奖教、奖学基金。同时，他还发动校友在智力上支持东中，为母校跻身全国一流强校而努力。

彭淦波先生还在他读过书或任过教的学校：悦来小学、梅北中学、东山中学、学艺中学、岭梅财经学校、华侨中学、蕉岭中学、新铺中学、金山小学等，捐建教学楼、科学楼、师生餐厅、贤士桥、教室、校门、体育场、篮球场、羽毛球场、教学仪器等。

三、彭淦波先生与家乡

“悠悠寸草心，报得三春晖。”彭淦波先生一生侠肝义胆，在许多方面敢为人先，他勇当开路先锋，支持家乡建设。1988年10月，彭淦波先生踏上了魂牵梦萦四十年的故土，就诚恳地提出：“我愿尽最大努力帮助大家，让大家老有所养、壮有所用，青少年能受教育，并为改变樟坑的面貌、为建设新农村出一份绵薄之力。”

从1988年开始，彭淦波先生投入近200万人民币修通北方村樟坑到新铺和石扇的公路，以及沿路凉亭。公路开通后，樟坑和邻村的农产品等，不到半个小时就可直售梅州或蕉城，促进了乡村的生产发展，解决了村民行路难问题。

1996年，彭淦波先生又出资70多万元人民币，引入先进科技，引进人才和新作物品种，开发了以“三高”农业为主线的“延年农场”，成立“延年农业开发股份有限公司”，农场的一切收益用于改善家乡人民的生活。村里的青壮年劳动力有了就业机会，村民生活逐渐宽裕起来，村民对生存环境的要求也随之提高了。为此，彭先生又出资修整祠堂，治理乡村周边环境，植树造林，保护青山绿水，使村容村貌焕然一新。为提高村民们素质，彭先生专门修建了一座“彭氏宗亲活动”中心，购买文体活动器材，订购报纸杂志，丰富了村民的精神生活。文明之风吹遍乡村，在近年来赌博之风蔓延的农村，樟坑村至今还未发现有人参赌。

由于管理科学，“延年农场”不断发展壮大。后又购建了不少旅游设施，发展成为“黄蜂山庄”旅游景区，免费供游人游览，以展示新农村的面貌。为使公益事业生生不息，彭先生出资成立了“彭氏延年福利基金会”，为全村村民的福利服务，一年一节（春节、端阳、中秋），凡70岁以上的老人都能得到慰问金。还设立了奖学金，凡读高中和大中专的学子，每学期的费用都由他全包，解决了村民的后顾之忧。

为了写好梅州的历史，讲好梅州故事，彭淦波先生可谓沥尽心血，为了宣传太平天国，他与我专门前往梅县石坑洪秀全祖居地参观考察；为了宣传罗芳伯的事迹，他与我多次前往石扇罗芳伯故居；为了宣传“梅州侨批”的历史贡献和现实作用，他向我讲述了“梅州侨批”的故事，提供他父亲从事侨批业务的有关资料，并支持我参与“梅州侨批”的申遗工作（向省档案局、国家档案局、亚太联合国教科文组织和联合国教科文组织申报“记忆性历史文化遗产”）；他资助我出版了《太平天国梅州征战记》《梅州侨华人史》《梅州侨批》等。彭淦波先生就是一个为写好梅州历史、弘扬梅州文化而不断奉献的人。

彭淦波先生的仁爱美德有口皆碑。他每次回乡都不要侨务部门的车接送，而是坐三轮车或的士。他在用自己独特的方式扶贫助弱，用他的话说，就是“要尽量帮助下岗工人，让他们有饭吃”。简朴的话语，道出了彭先生的慈善心肠。

彭淦波先生扶贫助弱、培育英才的善举更是被人们传为美谈。1995年，彭淦波先生慷慨资助东山中学、华侨中学、梅北中学五名贫困家庭孩子读完大学或中专。此后，这一善举从未间断过。除了每年捐助2000元给“希望工程”外，还创立了“梅州市新世纪互助社”，每年提前支付“互助社”在学孩子的学杂费，确保孩子们安心读书。至2006年，共助学55人，资助金额已达100多万元。

四、彭淦波先生与反“独”促统

反对“台独”，共同完成中华民族的伟大复兴是彭淦波先生的一贯主张。台湾开放赴大陆投资后，彭淦波先生就要求其公司前往上海设立办事处，继而设立分公司、公司。2004年，台湾地区“大选”期间，反对“台独”、敢为天下先的彭先生，提前返回台湾，不怕黑恶势力的迫害，力挺反“台独”的国民党候选人连战，并准备了晚宴，一俟连战当选马上庆祝。但是，由于种种原因，连战失利了，彭淦波先生只得取消晚宴，第二天早上就飞回梅州。彭淦波先生不仅不遗余力反对“台独”，还力促海峡两岸各界人士加强沟通往来，促进经济与文化交流，为实现祖国统一和振兴中华尽心竭力。

“赤子获殊荣，当之而无愧。”由于彭淦波先生的杰出贡献，梅州市政府在评选“荣誉市民”时，曾多次派人前往征求意见，但都被他婉拒了。彭淦波先生说：“一个人做点好事是应该的，荣誉不需要形式，得到了社会的认可就是最大的荣誉。”是的，一个人做点好事并不难，难的是一辈子做好事。

由于众人的不断推介，2006年，经梅州市政府提请，市人大常委会第十七次会议决定，彭淦波先生积极支持家乡各项公益事业建设，累计捐资1 020万元人民币，授予他第六批“梅州市荣誉市民”光荣称号。彭淦波先生所做的一桩桩好事、实事，父老乡亲有目共睹。他热爱祖国家园的执着和惠荫桑梓的深情，成了家乡人民广为传颂的佳话。

一位遵循东山中学校训，传承东山精神的东山中学杰出校友、爱国爱乡的企业家

——小记彭淦波先生二三事

邓　锐

广东梅县东山中学创建于1913年，100多年来，东山中学以“勇俭爱诚”为校训，形成“严勤细实”的教风、“勤奋好学”的学风和“团结进取”的校风。形成“勇敢、节俭、爱国、诚信”的东山精神。为社会培养5万多名合格建设者与优秀人才，其中一大批成为有功于社会的栋梁之材：开国元帅叶剑英、中将萧向荣、全国政协原副主席叶选平、广东省原省委书记林若，以及一大批著名的企业家。彭淦波先生就是一位遵循东山中学校训、传承东山精神的东山中学杰出校友、爱国爱乡的企业家。

1990年，因为笔者与彭淦波先生同为东山中学校友，加上工作关系，我与彭淦波先生成为莫逆之交，由于交往的时间较长，我深入了解了彭淦波先生的心路历程。

一、彭淦波先生的经历

1922年，彭淦波先生出生于蕉岭新铺镇北方村樟坑。年幼时随做生意的父亲在梅县乡村长大，先后在悦来公学、梅北中学、东山中学完成中小学学业。

1940年，彭淦波先生考入中山大学法律系，1945年毕业后回到梅北中学任教。日本投降之时，陆军62军奉派军长黄涛（蕉岭县人）前往台湾，接收台湾，时任黄军长日文秘书的廖苾光老师从粤北仁化率领后方军眷经梅州到汕头乘船往台。1946年元月，彭淦波先生在梅北中学巧见廖苾光老师，在廖苾光先生的带领下，辞教职随队前往台湾发展，1946年1月29日抵达基隆，连夜坐车到台南，被编入为纪念粤北抗日阵亡师长、招收后方军眷及流亡失家之子弟学校——文波学校任教，后来担任省立台南女子中学的教员。1947年8月—1971年12月在台湾电力公司台南分公司和新竹分公司任单位主管。1971年，担任了20多年课长的彭淦波先生退休了。当年，台湾开始大力提倡发展工商业，并以十项建设推动其发展。1972年，为抢抓先机，退休后，不甘寂寞的彭淦波先生与其妻兄、旅日经济专家邱永汉在巨贾汇集的台南合作开办了一个颇负盛名的“永汉工业区”，购置了广阔的甘蔗园地和若干荒地，开展规划设计，完善供水、排水、供电等基础设施，“筑巢引凤”。不久，工业区的土地快速升值，该公司得以快速发展起来。1979年4月，彭淦波先生办起了自己的实业——豪勉科技股份有限公司，彭淦波先生成为当地知名的实业家。2017年，彭淦波先生离开了我们。

二、爱国家，不遗余力

东山中学的创办，就是广大师生反对帝国主义、封建主义，向军阀政府控制下的反动教育开展斗争取得胜利的结果。东山中学孕育了广大师生深厚的民主革命思潮和爱国爱乡的热情，“勇敢、节俭、爱国、诚信”的东山精神一直激励彭淦波先生，从抗日救国到反对“台独”，共同完成中华民族的伟大复兴是彭淦波先生的一贯主张和行动。

“九一八”事变，激发了东山中学师生极大的抗日救国热情，要求抗日、反对内战的呼声，与日俱增。1935年8月1日，中共驻共产国际代表团草拟了《为抗日救国告全体同胞书》(即《八一宣言》)，10月1日以中华苏维埃共和国中央政府和中国共产党中央委员会的名义在法国巴黎出版的《救国报》上发表。随后，中共中央于11月28日发表了与《八一宣言》内容基本相同的《中华苏维埃共和国中央政府、中国工农红军革命军事委员会抗日救国宣言》，《抗日救国宣言》提出抗日联军和国防政府的十大纲领，其中就有“发展教育”的内容。

1937年，时任学生会长的李国超带领、指导同学们，广泛开展各种方式的抗日救亡活动，积极投身于伟大的抗日救国大洪流中，这一时期，东山中学学生运动的主要工作有两个方面：一是对学生本身的工作；二是对工农群众进行抗日宣传工作。所有这些，对开展梅县学生运动都起了积极的作用。这时，时任八路军参谋长并协同周恩来在国民党统治区做统战工作的叶剑英元帅，从武汉写信给时任东山中学的校长肖木麟，肖木麟先生随即把信贴在布告栏内，信的内容为：“声华之友，以利相交则争先，利尽交疏。道义之友，团结不懈，成则为周武三千，败则为田横五百……回忆东山风雨，渺若江河……”信中的“回忆东山风雨，渺若江河”，是指1913年由叶剑英元帅领导的东山学潮，叶剑英元帅意思是当时的学潮算不得什么，非常渺小。在亡国灭种面前，中国人民决不能坐以待毙。只有把全国各族人民动员起来，开展神圣的反日的民族革命战争，打倒日本帝国主义，才能实现中华民族最后的彻底的解放。我们由此可以看到叶剑英元帅为了伟大的国家前途而努力奋斗的远大眼光和雄伟气魄。当时正在读高中的彭湃波先生被叶剑英的英雄气概和远大眼光深深鼓舞，这封信也点燃了他的爱国爱乡热情。

“不富无以养民情，不教无以理民性。”（《抗日救国宣言》）。在抗日期间，东山中学学生会在东山中学附近的农村开设夜校，积极发动学生参与扫盲活动，宣传抗日。彭湃波先生对我说：“李国超同学叫我去周溪旁主持一个夜校，学生有六七十人，走路约需40多分钟。”据彭湃波先生的回忆：那时没有电灯，每天晚上七点左右，我便手持一盏煤油风灯，经过40多分钟的路程，前往周溪旁的农村夜校，为六七十个村民上课，途中需要经过一段很长的乱葬岗，约九点半完毕回校。虽然我是无神论者，也看了数本唯物辩证法的书，但是在经过一段很长的乱葬岗时，也不免有些心慌，特别是刮风下雨时，心里总是很怕，当背后有风吹草动时，也不免回头看看是否有鬼。但是，熟读古书的彭湃波先生，认真阅读了不少中国思想家专著，对《荀子·大略》所言“不富无以养民情，不教无以理民性”一句记忆尤深。教育对社会发展的重要性，使彭湃波先生坚持下来，每天晚上，彭湃波先生都手持一盏煤油灯，为中国的扫盲运动添砖加瓦，同时，彭淦波先生还参加了李国超同学关于先进思想的培训，逐步有了共产主义的理想信念。

1998年10月，台湾主办世界客属第十四届恳亲大会，其中一个情节令我们至今难以忘怀。世界客属第十四届恳亲大会的主题是“联谊·恳亲·交流·发展”，参会各方有一个共同的约定，就是大会会场只悬挂世界客属会旗，不悬挂具政治标志的旗帜。但是，在第十四届恳亲大会会场，主办方公然悬挂当地“国旗”，代表大陆参会的梅州代表团当即上台抗议并离开了会场。事后才意识到吃、住、行等诸多难题摆在代表团的面前，正在代表团成员处于尴尬困境之时，一位热心老先生毅然走来安慰大陆梅州乡亲，为代表团接风洗尘，并安排好后续行程。他就是旅台实业家、乡贤彭淦波先生。在世界客属第十四届恳亲会期间，彭淦波先生不避时政之嫌的义举，给大家留下了深刻的印象。

台湾开放赴大陆投资后，彭淦波先生就要求其公司前往上海设立办事处，继而设立分公司、公司。2004年，台湾地区“大选”期间，反对“台独”、敢为天下先的彭淦波先生，提前返回台湾，不怕黑恶势力的迫害，力挺反“台独”的国民党候选人连战，并准备了晚宴，一俟连战当选马上庆祝。但是，由于种种原因，连战失利了，彭淦波先生只得取消晚宴，第二天早上就飞回梅州。十多年来，彭淦波先生不仅不遗余力反对“台独”，还力促海峡两岸各界人士加强沟通往来，促进经济与文化交流，为实现祖国统一和振兴中华尽心竭力。

三、爱母校，不遗余力

东山中学坐落于东山山麓、周溪河畔、状元桥边、千佛塔旁，前身是东山书院。在彭湃波先生就读时，时任东山中学训育主任廖苾光老师曾经写过一首描述东中风情、生活的诗，那就是："周溪的清流，长堤的绿影，东山岸上的早晨，千佛塔下的黄昏。"据彭湃波回忆：周溪那时水很深很清，我们都在沿岸跳水、游泳。长堤一边是河，旁边种很多树，课余饭后，我们三三两两在那里散步。每天早晨住宿的同学在三棵木棉树下集合，跑步到足球场，做体操。每天下午课余，同学们便在东山岌运动，沿U字形道路，是篮球场、排球场、网球场、器械操场，喜爱足球的则到足球场举行各种比赛，如班际的、凑合队的等。全校数百人都在运动场活动，锻炼身体，U形校园深入彭湃波先生的心灵，建设U形校园的设想成为彭湃波先生的不懈追求。

浸润东山精神的彭湃波先生，大学毕业后在台湾省台南市从事教育工作，深知教育对社会发展之重要，深知学校对培育人才的重要性，形成了"情倾教育，兴学育才"观念。对于母校的热爱，使彭湃波先生一直思考着该如何回报母校。

1988年，彭湃波先生去台后首次返回家乡。面对家乡百废待兴的教育事业，彭湃波先生认为，社会要发展，学校教育一定要跟上。

1989年，当时大陆还不欢迎台湾的教育捐资，有着浓厚东山情结的彭湃波先生，在阔别母校49年后，首次以台湾校友的身份，回到东山中学，参加七十六周年校庆，从此连续十五年，彭湃波先生都准时回到东山母校参加校庆。

七十六周年校庆后，东中领导与校友们座谈时，提出急需兴建的四项工程：体艺楼、大礼堂、校友楼、电教楼。到哪里筹这么多钱？许多人认为没有实现的可能。可是，彭淦波先生已经向校长朱文澎表示，这四项工程很迫切，自己将尽力促其完成。君子一言，驷马难追啊！彭淦波为此愁得吃不下饭，睡不着觉。为了实现目标，年过古稀的他，奔赴各地联络和说服东中校友回母校参加校庆并捐资，在东南亚，他会见了饶占广、章生辉等校友，与他们商酌同为母校出力。

彭淦波先生积极关注学校的情况，每次回母校，身上都备有一本笔记簿，随时掏出记录，从母校的基建工程到教育教学质量、每年的校庆筹备情况，然后为此筹钱出力。

1990年1月，彭淦波先生用皮包带着大笔现金回乡，在东山中学率先捐建“贤士体艺楼”，不久又捐建了“豪勉体育中心”，与人合建了电教楼。1991年，曾宪梓先生应允捐建大礼堂，四项工程就剩下了两项。同年11月，彭淦波先生被邀请前往广州参观第一届世界女足比赛。11月17日中午，彭淦波先生为老师廖苾光教授在穗嘉应宾馆庆祝九十大寿，并举办寿宴。寿宴上印尼饶占广先生及温绍权校长均应邀为座上宾。饭前，彭淦波先生问占广先生：“印尼校友敲定捐建校友楼还是电教楼？”饶先生说：“还没有呢。”“不行啊，八十周年校庆快到了，再不决定就来不及了。如今校长在此，您作出决定捐建哪个项目及其奠基日期。”在彭淦波先生的“鼓动”下，饶先生选定捐建校友楼，并定12月2日回梅举行校友楼奠基仪式。事后，饶占广先生打趣道：“吃了淦波先生一顿饭，害得我三天三夜‘无睡目’。”其实台湾这边，彭淦波先生也睡不着觉。原来，他已作出了承诺如印尼校友负责一项工程，最后一项就由台湾校友负责。

年过古稀的彭淦波先生，腾出工夫，先后前往北京、上海、哈尔滨、沈阳、大连、西安等地访问东中校友，受到各地东中校友的热烈欢迎和热情接待，一方面加强了母校和校友的联系，另一方面也促进了外地校友对母校的关心，发动校友在智力上支持东中，共同为母校跻身全国一流强校而努力!

彭淦波先生还联络和资助东中校友连续十五年不间断回母校参加校庆，捐资建设母校。在彭淦波的促成下，一批又一批旅台校友、乡贤重返东中，重返故园。涂佛庭、宋新民、杨齐生、幸奠雁、熊汉萍、李思汉、谢森中、曾联兴、徐流、徐政哥、彭以豪等，还在东中设立奖教、奖学基金。彭淦波先生，连起了母校情结，也连起了海峡两岸的血肉之情。1989年《东山中学校刊》复刊，从此，在每期校刊上都能看到有关他由台回梅参加东山中学校庆的消息。

1993年东中举行八十周年校庆及宪梓大礼堂、校友楼、电教楼落成剪彩典礼。由于三项工程建筑质量均佳，旅印尼校友李昆章先生异常高兴，在庆祝大会上宣布捐建一座科学馆。

在彭淦波先生等人的努力下，校友们梦寐以求的U形校园终于建成了。

两年后，为迎接八十五周年校庆的到来，东中又制定了新的三项工程计划，不久，黎次珊先生认捐教学指挥中心（后定名为八五祝如纪念大楼），在彭淦波先生促成下，旅印校友一贯热心支持母校建设的章生辉先生承担了文化馆工程（即雪云纪念大楼）。剩下的体育中心又落在彭淦波先生身上，彭先生决定捐建豪勉体有中心。虎年之春，八五祝如纪念楼、雪云纪念大楼、豪勉体育中心落成。

现代学校管理研究成果表明，影响学校发展的主要因素是学校硬件建设、教师的成长和课程发展。硬件建设只要有一定的经济基础就能得到解决，课程的发展主要是依靠老师，教师成长在学校发展中的地位和作用至关重要。彭淦波先生对学校教育是一个深具远见卓识的人，在东山中学的各项事业都上了一个新台阶时，彭淦波先生尤为关注师资力量和学生素质。他充分认识到办好一所学校，校园、校舍、校貌等硬件固然十分重要，但尤其重要的却是师资的力量和学生的素质，名师出高徒嘛！彭淦波先生尽力于奖教、奖学的事业，设立奖教、奖学金。多年来，他不仅投资牵线立项目，还以自己的行动影响或动员其他台湾校友设立奖教、奖学金。不仅自己以他儿子彭以豪的名义设立奖教金，以老师廖苾光教授的名义设立“廖苾光美德奖”，还动员其他台湾校友设立奖学金；不仅在东中设立奖教、奖学金，而且还在其他学校以先人或者老师的名义设立奖教、奖学金，并年年出资出版《东山丛书》和校刊。

为了使学生德智体美劳全面发展，两年一度的市中学生田径运动会，即由市教育局、市体委主办的梅州市“豪勉杯”中学生田径运动会在东山中学举行。1998年梅州市“豪勉杯”中学生田径运动会在东山中学举行。在彭淦波先生的鼎力资助下，将原来不标准的运动场扩建为拥有标准田径场、篮球场的体育中心。彭淦波先生还资助了本届运动会，并专门设立了破纪录奖，此次运动会有224名运动员参加、设有60个项目。在历时两天半的紧张角逐中，8支代表队的224名小将为争夺四项团体总分冠军和62枚金牌奋勇拼搏。

共有32人（队）次打破了21项市中学生田径运动会纪录，取得了此项赛事举办七届以来的最好成绩。老牌劲旅梅县队在比赛中显示出雄厚的实力，不仅包揽了男子高中组、女子高中组两项团体总分冠军，夺得了16枚金牌，而且刷新了11项次的市纪录。蕉岭队脱颖而出，囊括了男子初中组、女子初中组两项团体总分冠军。丰顺队、梅江区队以及一批裁判员、运动员荣获体育道德风尚奖。

现在，东山中学建有宪梓教学楼、宪梓图书馆、七十周年纪念大楼、永芳楼、贤士体艺楼、宪梓大礼堂、电教楼、东山中学校友楼、李昆章科学楼、豪勉体育中心、雪云纪念大楼、八五祝茹纪念大楼、大华楼、中华楼、“92纪念园”“三人行”景观亭、“83纪念园”、校训墙、“81纪念园”“85桂花园”、东山中学体育馆、曾宪梓运动场、U形球场（改造）、叶澄海教学大楼、一百周年纪念大楼、“庆源楼”等建筑，三大食堂均被评为餐饮服务食品安全A级。

四、爱家乡，不遗余力

彭淦波先生是我市回乡台胞中提出建设新农村的第一人。“悠悠寸草心，报得三春晖”。1988年，彭淦波先生离乡背井40多年后，重踏上魂牵梦萦的故土时，映入眼帘的却让他有些意外。“贫穷”和“落后”的苍凉，使他震惊，这就是生育过自己的土地吗？一定要使家乡的面貌改变。因此，他向族内亲朋们诚恳地提出：“我希望大家同心合力，走共同富裕的道路，改变樟坑的面貌，让大家老有所养，壮有所用，青少年能受教育，有文化、有知识、有本钱、能娶上‘老婆’，起码不让我们的祖宗丢脸，不给人看低我们。如果大家有志气、有决心实干实为，我愿尽最大努力协助完成！”

怎样实现自己的诺言？在外闯荡了几十年的彭淦波先生，目睹了台湾成为当时的“四小龙”的全过程，1971年的十项大建设是台湾发展的强大动力，其中很重要的一项工作就是道路的快速修建和高速公路的快速发展。

彭淦波先生认为“若要富，先修路”是不争的事实。1989年，他出资修筑了樟坑村村道及其中的凉亭，让村内男女老少既能免除再被砂砾荆棘磨破脚底皮之苦，又能在遇狂风暴雨星脚或田间拼作时有避雨、乘凉、歇脚的地方。1996年，他出资修通了从村内到205国道的公路，真有如“愚公移山”般凿开了“情山场”的隘口，终使彭氏子孙和邻村村民能坐上汽车穿州过县了。1998年，他又筹资将这条公路铺成水泥大道。村道建成后，樟坑和邻村的土特产果、蔬、鸡、鸭、牛、羊、猪……不到半个小时就可直售梅州或蕉城了。彭老先生为“路”不单投入了40余万人民币，还从设计、审定、动工等环节事事操心亲为，本村村民和邻近村的村民都交口称赞：“彭先生是功德无量的好人，要长命百寿，我们几代人都没做成的事，他为我们完成了！”邻近村的村民还自动送来了感激的“镜匾”。

考虑到“人生在世毕竟时间有限”，为使公益事业生生不息，源远流长，彭淦波先生拿出30多万元人民币，在村内开发了以“三高”农业为主线的“延年农场”，成立“延年农业开发股份有限公司”。声明：“这30多万元，在村内开发了发展三高农业的‘延年农场’，成立‘延年农业开发股份有限公司’”。还声明：“这30多万元不是我要拿回来的，是给彭氏子孙作福利基金的，其收益将成为以后举办彭氏福利事业的开支，使彭氏老少和后代都能受益，你们为‘公’的功德也将流芳百世啊！”这些收益都用在为公众谋福利的事情上。

10多年来，彭淦波先生除了为家乡做出贡献外，还为家族谋福利。除了“路”和“农场”，他还维修了祖屋，购置了几十台红白喜事用的桌、凳、碗、筷，近百平方米的帐篷，以及宗亲回乡省亲住宿的被帐，架设了方便村民的电灯、电话，修建了一座“彭氏宗亲活动”中心。彭先生不单从交通、生产、生活等物质条件上解决村内的困难，还非常注意培养和提高村民们的精神素质。他提倡尊老爱幼，设立敬老基金，一年三节（春节、端阳、中秋）凡70岁以上的老人都能得到慰问金。设立奖学金：凡读高中和大中专的，每学期的学杂食宿等费用由他全包。

不仅从交通、生产、生活等物质条件上解决村内的困难，还非常注意培养和提高村民们的精神素质，为使“为公树益”的事业生生不息，培养能为公而牺牲私利的接班人，彭淦波先生经常语重心长地教育青年后辈要树立“公心”，不要只看到眼前利益，不肯为公，不肯做些有益于大家的事。

五、培养人才，不遗余力

彭淦波先生扶贫助弱、培育英才的善举更是被人们传为美谈。贫困，这个世界范围的问题，一直困扰着贫困家庭的贫困学子。1995年，彭淦波先生了解到东山中学有一位贫困家庭的孩子，以优异的成绩考上了大学，但他无法支付学杂费，正在困惑彷徨。彭淦波先生萌生了支持贫困学生完成学业的念头，经过朋友的介绍，除了东山中学的一位学子外，在华侨中学、梅北中学还有5名贫困家庭孩子需要资助，彭淦波先生二话不说，慷慨解囊，包下了这些孩子念完大学、中专的学杂费。从此，他一发不可收拾。彭淦波先生还关注学校贫困学生的学习生活等，并一一记录在册，然后为此筹钱出力。为了帮助学业优秀却因家贫而无力升学的学子，他除了每年捐助两千元给“希望工程”以外，彭淦波老先生还创办了“梅州市新世纪互助社”，彭淦波先生每年提前支付“梅州市新世纪互助社”在学孩子的学杂费（大学生每年补助三千元，其中特困生补助四千元；中专、中学生每年补助两千元），确保孩子们安心读书。此后，他十年如一日，逐年扩大助学范围，增加助学对象，至彭淦波先生逝世前两年，彭淦波先生助学名额已达到100多人，总投入已达人民币近200万元。同时，彭淦波先生还鼓励学生自主独立，自己管理自己。互助社成立以来，彭淦波先生与学子们书信、电话联系不断，每年春秋两季都坚持在梅城举行联谊会，他们都自己主持联谊会，进行学习交流，共勉鼓励，聚餐等联谊活动。在彭淦波先生的影响下，学生们的博爱精神增强了，自治、交谊、友爱、团结的能力提高了。受助的学子们学有所成之后，纷纷从自己的每月收入中贡献出5%为互助社基金，积聚起来，继续帮助经济困难的学子，充分展示了“梅州市新世纪互助社”学子们的博爱之心。

彭淦波先生还在读过书或任过教的学校：悦来小学、梅北中学、东山中学、学艺中学、岭梅财经学校、华侨中学、蕉岭中学、新铺中学、金山小学等，捐建教学楼、科学楼、师生餐厅、贤士桥、教室、校门、体育场、篮球场、羽毛球场、教学仪器等。据不完全统计，彭先生共捐资公益事业金额达人民币500万元，有效地缓解了梅州市因资金短缺带来的教学设施落后的现象。

六、知恩图报，不遗余力

曾任东山中学校长及梅县、兴宁县县长的彭精一先生，离开家乡已达五十二年之久。彭淦波先生非常关心他的情况，自1988年起，彭淦波先生每年返梅一两次，都会第一时间将家乡亲友的关心询问转达给彭老，也会将彭老的情况反馈给母校及有关人士。

1992年，东山中学八十周年校庆在即，彭老听后非常高兴，流露出他热爱母校、关心母校之深情，表现出上了年纪的人深爱故园的心意，表示到时一定要回校参加庆典。

为促成老校长回母校，彭淦波先生用了三年时间，与彭老家属沟通，与留台校友研究可能方案，为保证万无一失，彭淦波先生作出了十分周密的回乡计划，并为老人配备了轮椅、救心丹等一批应急物品。在彭淦波先生的努力下，1993年4月1日，彭精一先生回到东中，参加了八十周年校庆并与东中师生、校友们一起，在母校庆祝自己的百岁诞辰，献花、唱生日快乐歌、切寿糕、祝贺词，热烈、热情、温馨洋溢于会场，成为东中历史上的一段佳话。1996年4月4日，彭精一先生以105岁高龄辞世，5月9日，彭淦波先生又与其亲属陪伴着彭老灵骨回梅，在梅由母校温校长等筹备并主持举行了追悼会，并将灵骨安置于梅县仙鹤山庄内，真正“落叶归根”。

彭淦波先生的仁爱美德有口皆碑。他每次回乡都不要侨务部门的车接送，而是坐三轮车或的士。他在用自己独特的方式扶贫助弱，用他的话说，就是“要尽量帮助下岗工人，让他们有饭吃”。简朴的话语，道出了彭淦波先生的慈善心肠。

彭淦波先生一贯主张反对“台独”，两岸应共同完成中华民族的伟大复兴；彭淦波先生是我市回乡台胞中提出建设新农村的第一人；是我市台胞中捐赠大额资金兴办教育的第一人；是我市台胞中最早捐赠大额资金兴办公益事业的第一人。“赤子获殊荣，当之而无愧。”由于彭先生的杰出贡献，梅州市政府在评选“荣誉市民”时，曾多次派人前往征求意见，但都被他婉拒了。彭先生说：“一个人做点好事是应该的，荣誉不需要形式，得到了社会的认可就是最大的荣誉。”是的，一个人做点好事并不难，难的是一辈子做好事。彭先生所做的一桩桩好事、实事，父老乡亲有目共睹。他热爱祖国家园的执着和惠荫桑梓的深情，成了家乡人民广为传颂的佳话。

湃水泽东岭，波光耀校园

——彭湃波校友捐建“贤士体艺楼”

丘飞霞

旅外彭湃波老校友，自海峡两岸开放探亲以来，先后三度归宁，尊才重教，别具热肠。对本刊出版经费的按期支持，廖老专著付梓的合力赞助等义举，无不欣然承担。继更慨捐港币三十万元，兴建“贤士体艺楼”，以填补体育、艺术教学设置需要的空白。其工程业经本届校庆将原科学馆（已成危房）拆除，重新破土奠基。（实用面积800平方米，为三层楼房）。正按计划着进行修建，时限明年校庆落成剪彩，行见一座崭新的体艺大楼亭亭屹立于校园，并发挥其巨大的作用。此外，彭校友对当前热烈开展筹募兴建八十周年纪念堂事宜，一马当先，其无私奉献、为母校奔走效劳的精神，起到了良好的作用。拳拳赤子，一片爱乡爱校之至诚，深为广大校友及在校师生崇敬与称赞。

（选自《东中校刊》复刊第九期）

东中台湾校友会理事长彭淦波宴请东中广州校友

叶导欣

东山中学台湾校友会理事长彭淦波学长最近到大陆旅游观光，途经广州，于10月24日在黄花岗国际酒家宴请东中广州校友。应邀参加宴会的有彭淦波学长同届同学、东山中学广州校友会正副会长和常务理事共50多人。

东山中学广州校友会常务副会长丘立才教授代表东中广州校友会对彭淦波学长的盛情宴请表示感谢。他说，彭淦波学长从80年代后期至今，年年归宁参加母校校庆。为母校的建设和发展出谋献策。捐资兴建贤士体艺楼、豪勉体育中心、集资捐建电教楼，设多项奖学金。联络旅台和海外校友资助母校。为母校的发展出钱、出力，做出了可贵的贡献。他爱国、爱乡、爱校的赤子之心，令人钦敬！

席间，彭淦波学长发表了热情洋溢的讲话，他在讲话中提出两点希望。一是希望广大海内外校友踊跃归宁，参加明年4月1日母校建校九十周年庆典；二是希望海内外校友响应母校修复东山书院的倡议，捐款资助修复东山书院。他的讲话博得校友热烈鼓掌。陪同彭淦波学长旅游的东中原副校长、东中校友会副会长张志经老师向到会校友报告了一件好消息：被梅县钢铁厂使用的原东中运动场，经上级批准划给东中。东中今后的发展有了更大的空间。

在热烈、欢乐的气氛中，大家举杯，祝老学长健康长寿，祝年轻校友事业蒸蒸日上，祝母校与时俱进，再创世纪辉煌。

（选自《东中校刊》复刊第二十三期）

林铭绪副校长拜会彭湃波老校友

校庆前夕，林铭绪副校长受学校安国强校长重托，带着安校长和全校六千多师生的关心和问候，借在台湾台北参加广东省校长高研班培训之际，利用中午空闲时间，拜会了90多岁高龄、德高望重的台湾校友会原会长，东山中学新四届校董会名誉副董事长，20世纪40年代在东山中学毕业的彭湃波老校友。

彭老学长曾捐建电教楼、贤士体艺楼、豪勉体育中心（含合资和独资）。20世纪八九十年代，连续十四年回母校参加4月1日校庆活动，在母校和广大校友中传为佳话。座谈期间，林铭绪副校长向彭老详细介绍了百年校庆的情况和学校近年的发展情况，以创建全国著名中学为目标，以六大行动计划为抓手，续创东山中学新辉煌。

（选自《东中校刊》复刊第三十五期）

彭淦波连续十多年为母校办实事

校友、乡贤爱校是东山中学的光荣传统，东山中学的创办和发展，始终离不开国内外校友、乡贤的捐赠和支持。1937—1940年在东中求学的旅台校友彭淦波是其中突出的代表。

1988年，已经年近古稀的彭淦波排除各种困难，踏上了魂牵梦萦四十年的故土。翌年，彭淦波又一次回乡祭祖并参加了东山中学建校七十六周年庆典。在校庆大会上，他激动地表示要连续十年回来参加校庆，还要协助母校建设，回报母校的培育之恩。

言出必行，从1989年到2003年，彭淦波连续十五年返乡参加母校的庆典，远远超出了当初许诺的十年。同时，他倾注心血于母校建设，以实际行动兑现了自己的承诺，连续十多年给母校捐建或促成多个项目：1990—1991年独资捐建了首个工程——贤士体艺楼，1997—1998年独资捐建豪勉体育中心，1991年起连续十年捐资设立彭淦波奖学金，1994年起连续十年捐资设立廖苾光美德奖，1998年还动员其公子捐资设立彭以豪奖学金等；还奔赴港台等地联络校友，促成东中八十周年系列工程，并于1992—1993年与旅台校友及乡贤合资捐建电化教学楼等项目。此外，他连续十五年捐赠校刊印刷费，热心资助系列《东山丛书》的出版。翻开《东山丛书》，由他独资或合资赞助的就有13部，其尊师重教之精神确实难能可贵。

彭淦波是众多心系母校的校友的缩影。像彭淦波这样众多校友的拳拳爱校之心，将永远留在东山人的记忆中。

2017年10月4日，梅州人民的好朋友、旅台校友彭淦波先生与世长辞，享年97岁。

照片专辑

▲ 从18岁到81岁的照片，从旭日初升到夕阳西下，充分展现彭淦波校友的英气、睿智、豁达与家国情怀（选自《沙——彭淦波集编》2004，第10页）

▲ 幸福的一家（选自《沙——彭淦波集编》2004，第11页）

▲ 81岁生日（选自《沙——彭淦波集编》2004，第13页）

★以下图片，按时间排序，主要呈现彭淦波校友1989年—2005年归宁母校的情况。

☆ 1989年，东山中学建校七十六周年校庆，彭淦波校友归宁母校，参加庆典活动。

▲ 校庆归宁母校，庄重签名留念（选自《沙——彭淦波集编》2004，第31页）

▲ 率领台湾校友归宁参加七十六周年校庆（选自《沙——彭淦波集编》2004，第31页）

▲ 登坛倾积愫，挚谊劝全场——彭淦波校友在七十六周年校庆庆典大会上发表热情洋溢的讲话（选自《东中校刊》复刊第七期）

▲ 朱文澎校长为彭淦波校友颁发捐赠证书（选自《沙——彭淦波集编》2004，第31页）

◀ 永业千秋固，芳声万代传——旅港董事姚美良先生捐赠之永芳楼落成剪彩，彭湓波校友等出席剪彩仪式（选自《沙——彭湓波集编》2004，第31页）

▶ 归宁心愿遂，促膝话家常——彭湓波校友与学校领导在一起（选自《东中校刊》复刊第七期）

▲ 有缘盛节汇东山——旅台湾、香港，旅加拿大部分校友归宁母校与学校领导、师友、故旧合影留念（选自《东中校刊》复刊第七期）

☆ 1990年，东山中学建校七十七周年校庆，彭淦波校友归宁母校，参加庆典活动；赴印尼动员校友捐资建堂。

▲ 一片欢腾震校园（选自《东中校刊》复刊第九期）

▲ 南国汇群英，一堂庆诞辰——七十七周年校庆庆典会场一角（选自《东中校刊》复刊第九期）

▲ 挚谊原深厚，登台总话长——彭淦波校友在七十七周年校庆庆典大会上讲话（选自《东中校刊》复刊第九期）

▲ 久别无忘亲母爱，筑楼“贤士”献慈颜——彭淦波校友捐赠“贤士楼”为母校七十七周年校庆献礼。图为接受捐赠书时留拍（选自《东中校刊》复刊第九期）

▲ 急公好义欣推重，毓秀培才庆奠基——彭淦波校友捐建“贤士楼”，图为举行奠基仪式（选自《东中校刊》复刊第九期）

◀ 倾心诚请教，亲切访时贤——东山中学小记者，采访老校友彭淦波后，合影留念（选自《东中校刊》复刊第九期）

▶ 交错觥筹迎盛节，争相举盏祝良辰——校庆宴会在华侨酒楼举行，图为宴会一角（选自《东中校刊》复刊第九期）

▲ 纪念育才周八秩，议倡集筹筑华堂——学校邀请彭淦波等部分参庆海内外校友在客都宾馆召开座谈会，研讨筹建八十周年纪念堂事宜（选自《东中校刊》复刊第九期）

◀ 出钱出力为母校，不辞跋涉走西东——彭淦波校友积极为母校筹建八十周年纪念堂献策献力，四处奔走。图为与朱文澎校长勘察建堂地址（选自《东中校刊》复刊第九期）

▲ 彭淦波校友身负我校建堂使命，前往印尼与诸校友联系留摄（选自《东中校刊》复刊第九期）

▲ 七十七周年校庆，1940届焱社同学座谈会后与廖苾光老师（前排右四）合影（选自《东山丛书》之二十一《东山焱火》2002）

☆ 1991年，东山中学建校七十八周年校庆，彭淦波校友归宁母校，参加庆典活动；参加旅台校友会校庆欢宴活动。

▲ 宾客喜留名——来宾校友在签名留念（选自《东中校刊》复刊第十期）

▲ 彭淦波校友向温绍权校长赠送“贤士楼”使用同意书（选自《沙——彭淦波集编》2004，第41页）

▲ 激情扬盛会——彭淦波校友在七十八周年校庆大会上讲话（选自《沙——彭淦波集编》2004，第41页）

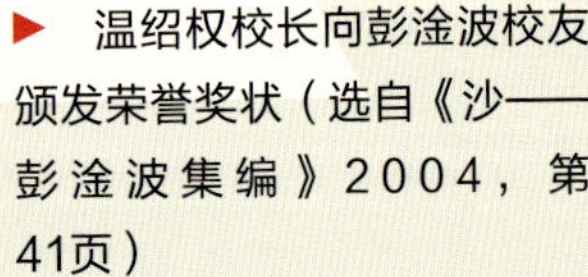

▶ 温绍权校长向彭淦波校友颁发荣誉奖状（选自《沙——彭淦波集编》2004，第41页）

▲　银剪播春风——旅台彭淦波校友为其捐建的贤士楼落成剪彩（选自《东中校刊》复刊第十期）

▲　彭淦波校友与1940年焱社同学在贤士体艺楼前合影（选自《沙——彭淦波集编》2004，第40页）

▲　赞声载雨楼——来宾参观贤士楼（选自《东中校刊》复刊第十期）

▲　亲切访耆贤——母校新芽社小记者探访彭淦波校友后合影（选自《东中校刊》复刊第十期）

▲ 由旅港曾宪梓校友捐建的八十周年纪念堂——“宪梓大礼堂”奠基，彭淦波校友等参加奠基仪式（选自《沙——彭淦波集编》2004，第42页）

▲ 彭淦波奖学金由其本人主持颁发（选自《东中校刊》复刊第十期）

▲ 彭淦波校友带领旅台校友宴请部分新加坡、印尼校友，畅谈母校发展情况留影（选自《东中校刊》复刊第十期）

► 倾诚一席谈——学校邀请彭淦波校友等参庆部分校友参加座谈会，商讨学校发展大计（选自《东中校刊》复刊第十期）

☆ 1992年，东山中学建校七十九周年校庆，彭淦波校友归宁母校，参加庆典活动。

▲　夹道喜欢迎（选自《东中校刊》复刊第十一期）

▲　嘉宾欣满座（选自《东中校刊》复刊第十一期）

▲　稠情溢话中——旅台彭淦波校友在七十九周年校庆庆典活动上发表热情洋溢的讲话（选自《东中校刊》复刊第十一期）

▲　银锄奠百年——旅台彭淦波老校友主持主要由旅台校友乡贤捐建的“电化教学楼”奠基仪式（选自《东中校刊》复刊第十一期）

◀　温绍权校长主持“彭淦波奖学金”颁奖大会，彭淦波校友出席大会（选自《东中校刊》复刊第十一期）

☆ 1993年，东山中学建校八十周年校庆，彭湃波校友陪同百岁老校长彭精一校友归宁母校，参加庆典活动；参加旅台校友会校庆欢宴活动；送别廖苾光教授。

◀ 再回母校怀抱，心情无比激动（选自《沙——彭湃波集编》2004，第45页）

▶ 彭精一老校长阔别东山中学半个多世纪，归宁母校，受到师生热烈欢迎（选自《沙——彭湃波集编》2004，第43页）

◀ 彭精一老校长致谢词（选自《沙——彭湃波集编》2004，第43页）

▶ 彭精一老校长与彭湃波校友就读东山中学时的恩师廖苾光校友阔别数十年后相见，非常激动（选自《沙——彭湃波集编》2004，第45页）

◀　彭淦波校友与香港侨领校友曾宪梓先生在一起（选自《沙——彭淦波集编》2004，第45页）

▲　彭淦波校友与香港侨领校友刘锦庆先生相晤（选自《沙——彭淦波集编》2004，第45页）

▲　彭淦波校友与旅印尼侨领校友饶占广先生、李昆章先生、章生辉先生等久别相聚，别有一番滋味（选自《沙——彭淦波集编》2004，第46页）

▲　按彭淦波校友的建议，学校在八十周年校庆上举办祝寿晚会，为百龄彭精一老校长及八十岁以上的到会校友祝寿（选自《沙——彭淦波集编》2004，第44页）

▲ 由旅港曾宪梓校友捐建的八十周年纪念堂——“宪梓大礼堂”落成，彭湃波校友等参加剪彩仪式。上图为剪彩仪式，下图为大礼堂全景（选自《东中校刊》复刊第十二期）

▲　由旅印尼校友捐建的“校友楼”落成。上图为剪彩仪式，彭淦波校友等出席；下图为校友楼全景（选自《东中校刊》复刊第十二期）

▲▶ 由旅台校友、乡贤捐建的“电教楼”落成。上图为剪彩仪式，彭湃波校友等出席；右图为电教楼全景（选自《东中校刊》复刊第十二期）

▲ 旅印尼李昆章校友捐建“李昆章楼”，上图为奠基仪式，彭淦波校友等参加奠基仪式（选自《东中校刊》复刊第十二期）

◀ 与会部分历届校长合影（选自《东中校刊》复刊第十二期）

► 1940届毕业部分校友与彭精一老校长（前排右四）、廖苾光老师（前排左四）合影（选自《东中校刊》复刊第十二期）

◀ 彭淦波校友与采访小记者在校友楼前合影（选自《沙——彭淦波集编》2004，第46页）

► 彭淦波校友在祝寿晚会上与志愿服务的同学合影（选自《沙——彭淦波集编》2004，第46页）

◀ 建校八十周年庆祝大会现场（选自《东中校刊》复刊第十二期）

▲ 彭淦波校友组织旅台东中校友庆祝校庆，欢宴后合影（选自《沙——彭淦波集编》2004，第46页）

▶ 彭淦波校友在恩师廖苾光教授的告别仪式上沉痛致悼词（选自《东山丛书》之二十一《东山焱火》2002）

☆ 1994年，东山中学建校八十一周年校庆，彭淦波校友归宁母校，参加庆典活动。

◀ 彭淦波校友与前校长朱文澎亲切握手（选自《东中校刊》复刊第十四期）

▶ 彭淦波校友参加建校八十一周年庆祝大会（选自《沙——彭淦波集编》2004，第52页）

◀ 彭淦波校友在八十一周年校庆大会上讲话（选自《东中校刊》复刊第十四期）

▶ 彭淦波校友在校庆典礼上颁发纪念廖苾光教授奖学金，并与受奖人合影（选自《沙——彭淦波集编》2004，第52页）

▲ 由旅印尼李昆章校友捐建的“李昆章科学楼”落成。上图为剪彩仪式，彭淦波校友等出席仪式；下图为李昆章科学楼雄姿（选自《东中校刊》复刊第十四期）

☆ 1995年，东山中学建校八十二周年校庆，彭淦波校友归宁母校，参加庆典活动；与旅台部分校董相聚欢庆校庆。是年，彭淦波校友携子再次归宁。

▲ 彭淦波校友在八十二周年校庆大会上讲话（选自《沙——彭淦波集编》2004，第52页）

▲ 廖苾光美德奖楷模奖获得者林丹霞同学（选自《东中校刊》复刊第十四期）

▲ 1940年焱社同学与温绍权校长在大会主席台前合影（选自《沙——彭淦波集编》2004，第52页）

▲　廖苾光美德奖颁奖留影（选自《东中校刊》复刊第十五期）

▲　旅台部分校董相聚一堂，欢庆校庆（选自《东中校刊》复刊第十五期）

▲　旅台彭淦波校友携子彭以豪先生来校指导（选自《东中校刊》复刊第十五期）

☆ 1996年，东山中学建校八十三周年校庆，彭淦波校友归宁母校，参加庆典活动；百岁老校友彭精一老校长逝世，开展悼念活动。

◀ 八十三周年校庆旅台校友进场（选自《沙——彭淦波集编》2004，第53页）

▲ 受旅台曾联兴校友委托，彭淦波校友向母校捐资三千元购买足球（选自《东中校刊》复刊第十六期）

▲ 1940年毕业的同学参加八十三周年校庆（选自《沙——彭淦波集编》2004，第53页）

▲ 与旅泰校友白志伟、叶蕴青等合影（选自《沙——彭淦波集编》2004，第53页）

▲ 由旅印尼校友黎次珊先生捐建的教学指挥中心——“祝如楼”奠基典礼，彭淦波校友等出席典礼（选自《沙——彭淦波集编》2004，第53页）

▲八十三周年校庆庆典与会人员合影（选自《东中校刊》复刊第十六期）

寿终德望犹在　人去徽音永存

——彭精一先生移灵（梅县）悼念及在台治丧活动剪影

▲ 彭精一老校长逝世，在梅开展悼念活动及在台治丧剪影（选自《东中校刊》复刊第十六期）

☆ 1997年，东山中学建校八十四周年校庆，彭淦波校友归宁母校，参加庆典活动。

◀ 八十四周年校庆旅台校友庆贺团归宁（选自《东中校刊》复刊第十七期）

▶ 1940届校友庆贺团归宁（选自《东中校刊》复刊第十七期）

▲ 彭淦波校友与广东省原省委书记林若校友亲切会面（选自《东中校刊》复刊第十七期）

▲ 彭淦波校友在八十四周年校庆大会上讲话（选自《东中校刊》复刊第十七期）

▲ 彭淦波校友向学校捐赠奖学金（选自《东中校刊》复刊第十七期）

▲ 彭淦波校友给“廖苾光美德奖”获得者颁发奖金（选自《东中校刊》复刊第十七期）

◀ 为纪念老校友叶剑英元帅诞辰一百周年，学校开展“叶剑英与东山中学”事迹展览活动，图为展览开馆剪彩仪式（选自《东中校刊》复刊第十七期）

▲ 在恩师彭淦波校友的影响下，旅印尼校友章生辉捐建“生辉文化楼”（雪云纪念大楼），图为奠基典礼（选自《东中校刊》复刊第十七期）

▲　彭淦波校友捐建“豪勉体育中心”。图为奠基典礼现场，广东省委原书记林若校友、彭淦波校友等参与奠基（选自《东中校刊》复刊第十七期）

▲ 八十四周年校庆庆典与会人员合影（选自《东中校刊》复刊第十七期）

☆ 1998年，东山中学建校八十五周年校庆，彭淦波校友归宁母校，参加庆典活动；赞助梅州市豪勉杯中学生田径运动会；与旅台校友在台开展庆祝活动等；陪同曾联兴校友归宁母校。

◀ 八十五周年校庆旅台校友庆贺团归宁（选自《沙——彭淦波集编》2004，第54页）

▲ 1940届校友庆贺团归宁（选自《东中校刊》复刊第十八期）

▲ 彭淦波校友向欢迎队伍致意（选自《沙——彭淦波集编》2004，第55页）

▶ 彭淦波校友在八十五周年校庆庆典大会上发言：十年来，我有四个“十”的巧合，其中第四个“十”是，我从1989年首次参加母校的校庆，到今年刚好十年，这十年没间断过（选自《东中校刊》复刊第十八期

◀ 章生辉校友在庆典大会上发言：十年来，我十分感谢母校的领导和彭淦波先生，使我梦寐以求的愿望——给母校捐献“雪云纪念大楼”得以实现（选自《东中校刊》复刊第十八期）

▲ 彭淦波校友代表其子彭以豪先生捐赠奖教金人民币一万元（选自《东中校刊》复刊第十八期）

▲ 杨昭尊校长向彭淦波校友颁发贤士体艺楼、豪勉体育中心、大型运动场改造工程荣誉状（选自《东中校刊》复刊第十八期）

▲ 曾联兴校友委托彭淦波校友捐赠奖教金人民币五千元（选自《东中校刊》复刊第十八期）

▲ 彭淦波校友委托焱社同学会同窗向学生颁发廖苾光美德奖（选自《东中校刊》复刊第十八期）

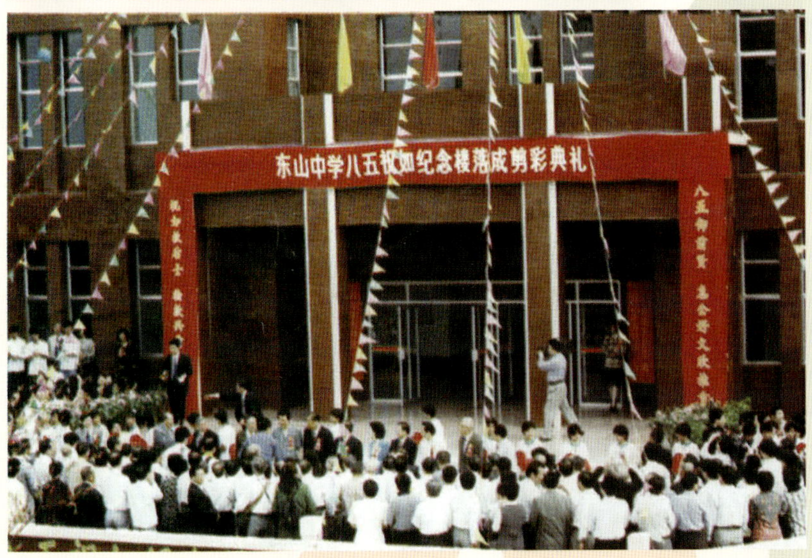

▲　由旅印尼校友黎次珊先生捐建的“八五祝如纪念楼”落成剪彩典礼，彭湓波校友等参加典礼（选自《东中校刊》复刊第十八期）

▲ 由旅印尼校友章生辉先生捐建的“雪云纪念大楼”落成剪彩典礼，彭湃波校友等参加典礼（选自《东中校刊》复刊第十八期）

▲　彭淦波校友捐建的豪勉体育中心落成剪彩（选自《沙——彭淦波集编》2004，第56页）

▲　海内外嘉宾在豪勉体育中心司令台上（选自《东中校刊》复刊第十八期）

▲ “豪勉体育中心”落成剪彩时来宾、校友、同学欢聚在一起（选自《沙——彭湃波集编》2004，第56页）

▲ 参观体育中心，彭湃波校友向曾宪梓校友等介绍体育中心情况（选自《沙——彭湃波集编》2004，第56页）

▲ 八十五周年校庆庆典与会人员合影（选自《东中校刊》复刊第十八期）

▲ 在由彭淦波校友赞助的"'98梅州市豪勉杯中学生田径运动会"上，梅州市市长、各县教育局局长等与破纪录运动员合影（选自《沙——彭淦波集编》2004，第57页）

▲ 运动会后给运动员颁发奖品（选自《沙——彭淦波集编》2004，第57页）

▲ 旅台校友曾联兴（前排中）伉俪在彭淦波校友等人的陪同下归宁母校（选自《东中校刊》复刊第十八期）

◀ 彭淦波校友组织旅台东中校友庆祝母校成立八十五周年并合影（选自《东中校刊》复刊第十八期）

☆ 1999年，东山中学建校八十六周年校庆，彭淦波校友归宁母校，参加庆典活动；旅台校友在台开展庆祝活动；陪同校友归宁母校等。

▲ 赞助出版《萧向荣诗词集》后，彭淦波校友与萧将军的女儿、女婿合影（选自《东中校刊》复刊第十九期）

▲ 连续十一次归宁，参加母校校庆的彭淦波校友在八十六周年校庆大会讲话（选自《东中校刊》复刊第十九期）

▲ 彭淦波校友向学生颁发“廖苾光美德奖”奖学金（选自《东中校刊》复刊第十九期）

▲ 彭淦波校友代旅台校友黄清隽先生向母校敬献奖学金（选自《东中校刊》复刊第十九期）

◀ 东莞大华实业公司总经理何中华先生捐建的“大华楼”奠基典礼，彭淦波校友等参加典礼（选自《东中校刊》复刊第十九期）

▲ 八十六周年校庆庆典与会人员合影（选自《东中校刊》复刊第十九期）

▲　彭淦波校友组织旅台校友庆祝母校建校八十六周年并合影（选自《东中校刊》复刊第十九期）

▲　彭淦波校友陪同旅台罗源芳校友（前排右二）归宁母校（选自《东中校刊》复刊第十九期）

▲　彭淦波校友邀请旅美谢文蔚校友（左四）与旅台钟皓校友（右五）归宁母校（选自《东中校刊》复刊第十九期）

▶　旅台乡贤张耀君先生委托彭淦波校友捐赠港币两万元给东山中学作栽种梅花专款（选自《东中校刊》复刊第十九期）

☆ 2000年，东山中学建校八十七周年校庆，彭淦波校友归宁母校参加庆典活动；与旅台校友在台开展庆祝活动；陪同校友归宁母校等。

▲ 1940届校友庆贺团归宁母校（选自《沙——彭淦波集编》2004，第60页）

▲ 台湾校友庆贺团归宁母校（选自《沙——彭淦波集编》2004，第61页）

▲ 1940年焱社同学何明校友在大会上致词（选自《沙——彭淦波集编》2004，第60页）

▲ 彭淦波校友在八十七周年校庆大会上深情发言，他表示：《东中校刊》复刊起已出版了19期，《东山丛书》也出版了16卷。校刊在联系海内外校友、增进校友对母校的感情上起了很大的作用（选自《东中校刊》复刊第二十期）

◀ 《东山丛书》之十四《彭精一先生纪念集》、之十五《萍踪浪迹》、之十六《悠悠学子情》，分别由彭淦波、刘杰秀、梁锐成三位校友向母校八十七华诞献礼，图为接受庆典大会回赠花束（选自《东中校刊》复刊第二十期）

◀ 彭淦波校友委托1940届焱社同学颁发“廖苾光美德奖”奖学金（选自《东中校刊》复刊第二十期）

▶ 东莞大华实业公司总经理何中华先生捐建的“大华楼”落成剪彩典礼，彭淦波校友等参加典礼（选自《沙——彭淦波集编》2004，第60页）

▲ 萧向荣将军玉雕像揭幕典礼（选自《东中校刊》复刊第二十期）

▲ 1940届焱社同学会的何明与1949届春潮社同学会的李昆章两位校友为东山第一亭重修落成揭幕（选自《东中校刊》复刊第二十期）

▲ 八十七周年校庆庆典与会人员合影（选自《东中校刊》复刊第二十期）

▶　东莞大华实业公司总经理何中华先生捐赠的“中华楼”奠基典礼，彭淦波校友等出席典礼（选自《东中校刊》复刊第二十期）

◀　旅台乡贤张耀君先生捐赠的“梅花园”揭幕仪式，彭淦波校友等出席仪式（选自《沙——彭淦波集编》2004，第60页）

▲　在彭淦波校友的引领下，徐政讦博士兄妹六人来校参观（选自《东中校刊》复刊第二十期）

▲　旅台校董熊汉萍伉俪、豪勉公司职员在彭淦波校友陪同下来校参观（选自《东中校刊》复刊第二十期）

☆ 2001年，东山中学建校88周年校庆，彭淦波校友归宁母校，参加庆典活动；与旅台校友在台开展庆祝活动；归宁参加在梅常务董事会议；带队走访北京、哈尔滨、大连校友会；赞助校友会人员与退休教师到张家界旅游等。

◄ 1940届校友庆贺团归宁母校（选自《沙——彭淦波集编》2004，第61页）

► 台湾校友庆贺团归宁母校（选自《东中校刊》复刊第二十一期）

▲ 彭淦波校友在八十八周年校庆庆典大会上发言（选自《东中校刊》复刊第二十一期）

▲ 彭淦波校友捐资设立的廖苾光美德奖，由旅台校友罗源芳及廖苾光校友之子廖淦祥先生主持颁发（选自《东中校刊》复刊第二十一期）

▲ 八十八周年校庆庆典与会人员合影（选自《东中校刊》复刊第二十一期）

▶ 东山中学建校八十八周年庆典大会现场（选自《东中校刊》复刊第二十一期）

◀ 东莞大华实业公司总经理何中华先生捐建的“中华楼”落成剪彩典礼，彭湃波校友等参加典礼（选自《东中校刊》复刊第二十一期）

▶ 彭湃波校友组织旅台东中校友，庆祝母校建校八十八周年并合影（选自《东中校刊》复刊第二十一期）

◀ 彭湃波校友归宁母校，参加在梅常务董事会议后留影（选自《东中校刊》复刊第二十一期）

◀ 彭淦波校友带队走访北京东中校友会，与廖沐真会长（前排左三）等理事合影（选自《东中校刊》复刊第二十一期）

▲ 彭淦波校友带队走访哈尔滨东中校友会，与刘国江会长（前排中）等理事合影（选自《东中校刊》复刊第二十一期）

▲ 彭淦波校友带队走访大连东中校友会，与林孟光会长（前排右）等理事合影（选自《东中校刊》复刊第二十一期）

▶ 彭淦波校友赞助部分校友会人员与退休教师到张家界名胜旅游合影（选自《东中校刊》复刊第二十一期）

☆ 2002年，东山中学建校八十九周年校庆，彭湓波校友归宁母校，参加庆典活动；与旅台校友在台开展庆祝活动；陪同校友归宁母校等。

▲ 彭湓波校友在八十九周年校庆庆典大会上讲话（选自《沙——彭湓波集编》2004，第62页）

▲ 彭湓波校友讲话后接受学生代表献花（选自《东中校刊》复刊第二十二期）

▲ 彭湓波校友受旅台谢森中校友之托，向母校敬献《谢森中先生访谈录》（选自《东中校刊》复刊第二十二期）

▲ 彭湓波校友颁发“廖苾光美德奖”奖学金后与学生合影（选自《东中校刊》复刊第二十二期）

▲ 八十九周年校庆庆典大会现场（选自《东中校刊》复刊第二十二期）

▲　学校行政领导与部分来宾、校友合影（选自《东中校刊》复刊第二十二期）

▲　彭淦波校友组织旅台东中校友，举行欢庆母校八十九华诞暨欢迎梅州市教育参观团仪式，图为仪式后留影（选自《东中校刊》复刊第二十二期）

▲　彭淦波等旅台老校友在“台北故宫博物院”前合影（选自《东中校刊》复刊第二十二期）

▲　彭淦波校友陪同旅美国校友胡桦、胡丹姐妹归宁母校（选自《沙——彭淦波集编》2004，第62页）

☆ 2003年，东山中学建校九十周年校庆，彭湃波校友归宁母校，参加庆典活动；与旅台校友在台开展庆祝活动；走访广州校友；市教育局领导、学校领导拜会等。

▶ 台湾校友庆贺团归宁母校，参加90华诞庆典（选自《东中校刊》复刊第二十三期）

◀ 1940届校友庆贺团归宁母校参加庆典活动（选自《沙——彭湃波集编》2004，第62页）

▲ 连续十五年参加校庆活动的彭湃波校友在主席台上（选自《东中校刊》复刊第二十三期）

▲ 九十周年校庆庆典大会主席台，前排左为广东省委原书记林若校友，右为市长何正拔（选自《沙——彭湃波集编》2004，第62页）

▲ 九十周年校庆庆典与会人员合影（选自《东中校刊》复刊第二十三期）

▲ 彭淦波校友组织旅台东中校友，庆祝母校建校九十周年并合影（选自《东中校刊》复刊第二十三期）

▶ 彭淦波校友带队走访广州东中校友会合影（选自《东中校刊》复刊第二十三期）

◀ 市教育局温绍权局长、东山中学杨昭尊校长在梅城华侨大厦拜访彭淦波校友伉俪留影（选自《东中校刊》复刊第二十三期）

▲　春节期间，杨昭尊校长带领校友会人员拜访归宁的彭淦波校友（选自《东中校刊》复刊第二十三期）

荣　誉　状

本校“豪勉体育中心”为旅台湾校友彭淦波先生热心捐建，楼高三层，面积1565平方米，雍容典雅，雄伟壮观，于1998年4月1日母校85周年庆典时落成剪彩。剪彩联曰：

豪气冲天，一派龙腾虎跃；
勉风拂地，三千李秀桃英

彭君盛情，师生咸感；特发此状，以旌硕德。

广东梅县东山中学
一九九八年四月一日

荣　誉　状

89年以来，校友彭淦波先生连续十年回母校参加校庆庆典活动，情系东山，师生敬仰。91年4月为母校首捐“贤士体艺楼”一座。93年又合资兴建“电教楼”，并设立“廖芯光美德奖”等十项奖学奖教金。

彭君盛德，师生均感；特发此状，以旌硕德。

广东梅县东山中学
一九九八年四月一日

▲　为感谢彭淦波校友对母校做出的突出贡献，学校在八十五周年校庆时为他颁发两份荣誉状（选自《东中校刊》复刊第二十三期）

☆ 2003年校庆以后，彭淦波校友多次与其他校友归宁母校，会见学校领导。

◀ 2003年11月2日，旅台1939届校友黄志平伉俪（前排左1、2）、旅加拿大校友张其勇（前排右2）、旅台校友彭淦波（前排右1）、旅台校董李思汉（后排左2）与学校新老校长合影（选自《东中校刊》复刊第二十四期）

▲ 2004年8月，彭淦波校友与旅台1949届校友温皓教授归宁母校（选自《东中校刊》复刊第二十四期）

▲ 2007年1月2日，旅台校友彭淦波回乡省亲宴请学校新老领导时合影。前排左起：杨昭尊、朱文澎、彭淦波、罗传厚、温绍权，后排左起：黎璜玉、李宇光、张志经、蓝世钊、张其标、张庆培、梁财生（选自《东中校刊》复刊第二十七期）

▶ 2007年10月16日，旅台校友龚学万（前排左）归宁母校，与杨昭尊校长等在旅台彭淦波校友九十三周年校庆植树碑记前合影（选自《东中校刊》复刊第二十七期）

第三部分

诗颂彭湓波

金声玉振千年韵

硕德留徽校史篇

一半儿（曲）·赞校友彭湃波学长（二首）

张其标

一

心胸博大善行昭，
尊老爱才义气豪。
健伟风仪世所翘。
赞歌嘹，
一半儿年高，
一半儿劭！

二

晶莹夺目一枝葩，
逐浪迎波泛彩霞，
的是文坛上选“沙”[①]。
众争夸，
一半儿无哗，
一半儿雅。

（选自《东山之恋》，第48—49页）

① 沙，指彭校友的专著《沙》集。

水龙吟[①]·退休怀旅台彭淦波学长

张其标

蹉跎岁月悠悠，
闪睛又到桑榆路。
东山翠郁，亭园苑宇，曾沾雨露。
疑义同敲，玄理共释，栽花培树。
喜老成满室，
琴棋娱晚，
评今古，吟诗赋！
休说人生朝暮，
续征程，还须飞步。
泛舟学海，讴歌盛世，自当任务。
矫矫彭翁，豁达风采，赞声如注。
盼瀛台归早，
金瓯一统，
畅倾心慕！

（选自《东山之恋》，第78—79页）

① 此篇曾入编2005年12月《世界华文诗词艺术大赛金榜集》。

鹧鸪天·恭祝彭老湃波学长八十五大寿

张其标

少日黉园已显名，
文驰武骋冠群英。
爱邦恋校情如缕，
处世为人义薄云。
牵梓里，感殷诚，
高风美德四邻评。
期颐上寿衷心祝，
梅岭台瀛仰国珍。

（选自《东山之恋》，第87页）

东山中学建校七十八周年暨贤士楼剪彩楹联

丘飞霞

贤士楼剪彩：

上联：贤声远播，喜今日楼成，馆丽场轩，深利甄陶后士；

下联：士泽长流，愿他年学就，技精才博，毋忘掘井前贤。

上联：贤泽惠黉园，淦水长流，急公好义彰千乘；
下联：士风披梓里，波光永照，兴学输财颂万年。

宪梓大礼堂奠基：

上联：宪范赞今朝，揭幕动工，深奠千秋基业；
下联：梓荫裨后世，捐资筑宇，广培百代英才。

（选自《东中校刊》复刊第十期）

词两阕

丘飞霞

祝东中建校七八周年暨贤士楼落成剪彩八十周年纪念宪梓大礼堂奠基之庆。

最高楼

门墙闹，灯彩映天明，祝嘏庆遐龄。八旬纪宇隆基奠，巨楼贤士颂功成。客盈门，歌三喜，醉簧笙。

缅大业，教持“三面向”，赞质量，宇寰同瞩望。膺省重，享英名。顶霜傲雪红棉劲，竿头再进续长征。破蓝天，跨碧海，插新旌。

荆州亭

周水红棉书院，祝嘏落成基奠。三喜颂临门，欣看欢腾一片。

耄哲梓桑情缱，千里归宁庆诞。满座起尊崇，默祝庠翁并健。

（选自《东中校刊》复刊第十期）

祝彭湃波学长七十华诞

彭学长寿辰，四月七日在梅州市客都宾馆举行，本会谨致颂词，聊表祝贺：

桂岭漫苍妍，蕉河泛碧澜。钟灵含毓秀，陇西诞俊贤。

强人我彭哲，学行著当年。抱志台瀛去，长才耀阛阓。

持诚坚信守，胜筹展懋迁。月将而日就，无忘木本源。

输款建“贤士”，勋绩炳凌烟。人才看辈出，忠勤四化攀。

能仁赞为富，无疆庆寿诞。值兹荣诞日，掬诚表寸丹。

广东东山中学校友会

（选自《东中校刊》复刊第十期）

南乡子·遥寄台湾校友彭湃波先生

——参加廖苾光老师祝寿有感

罗彦群

春花秋月圆，尊师祝寿意万千。海峡两岸一带水，望穿，隔海相思四十年。

风雨话东山，山河万里展新颜。海水蓝天共一色，寄笺，早日归来看故园。

一九九〇年九月九日

（选自《东中校刊》复刊第十期）

风衔杯·赞彭淦波校友的东山情

春风送暖逐征程。别乡关，桴适台瀛。道是年睽隔，蕴殷情。篱藩拆，喜扬旌。

怀魁阁[①]，几归宁。迭捐输，奖学兴黉。多少门墙重务，义襄承。人同颂，我贤彭。

（原载一九九一《梅县侨声》）

（选自《东中校刊》复刊第十期）

东山中学建校七十九周年暨电化教学大楼奠基楹联

丘飞霞

老校门：

上联：拓展东山业；

下联：筑修校友楼。

① 魁阁，系指东山书院的魁星阁。

新校门：

上联：此日奠基，行见校容添壮丽；
下联：他年竣宇，喜看友谊促升华。

奠基场：

上联：校闻报捷音，喜南邦，儿女惠殷情，八旬母寿输隆礼；

下联：友绩扬青史，看东岭，门墙添异彩，十月会楼庆奠基。

（选自《东中校刊》复刊第十一期）

祝彭淦波校友71大寿贺词

四月二日，旅台校友彭淦波学长回乡，客次梅城，适值七一大诞而举行寿宴于客都宾馆，学校与校友会特致贺词，以表祝庆。

卓哉我学长，书院赞奇英。
早岁台瀛去，商贸展豪程。
骏业歌腾达，念校倍情殷。
捐资复献力，美誉炳乡城。
寿逢七一诞，盈怀表贺诚。
阴那阿里茂，松柏庆长青。

广东东山中学
东山中学校友会
1992年4月2日

（选自《东中校刊》复刊第十期）

庆祝东山中学建校八十四周年楹联选登

丘飞霞

校友楼：

上联：校诞值三春，彰继往，励开来，群策群擎，千范百强争实现；

下联：帅辰逢盛世，贯题词，遵面谕，矢忠矢信，培才育俊笃敦行。

豪勉体育中心奠基：

上联：豪气溢东山，捐款建场兴体育；

下联：勉风扬学海，培才重教固邦基

（选自《东中校刊》复刊第十七期）

穗城迎旅台彭淦波学长送梅花图

温　明

隆冬穗市岭梅先，莫是君临感意虔。

采撷一枝赠学长，梅乡时系子心间。

（选自《东中校刊》复刊第十七期）

木棉[1]赞·怀彭湃波学长

张其标

彭老学长经商台岛，业绩辉煌；俊骨丰神，侠声远播；爱校情殷，惠顾频仍。因撰木棉诗寄意，以表钦仰。

一

作势如龙奋，伟然一岸翁；
岭南多绝色，独赞此英雄。

二

矫矫拏云手，赳赳国士魂；
浑身都是火，长播东山春。

（选自《东中校刊》复刊第十七期）

---

① 木棉，乔木，高可十余丈。横空出枝，势若龙奋。春季绽蕾，色深红，望之如万盏华灯，烧天尽赤，世称英雄花，为东中校花。

临江仙·祝东中母校建校八十五周年

丘飞霞

燕剪轻盈莺语脆，春风拂荡东山。攀枝璀璨展新颜。客宾归四海，笑语满黉园。

华辰八五开隆典，同歌业绩斐然。三楼①礼献庆遐年。宏图跨世纪，快马正扬鞭。

（选自《东中校刊》复刊第十八期）

满江红·纪念东中母校建校八十五周年

谢占文

四一良辰，东中庆，大家瞩目。思往昔，状元桥畔，攻书救国。各界捐输兴伟业，园丁著意抒良策。八五龄气象喜空前，同心结。

祝如②建，豪勉③接；琼宇立，雪云④列。乐群贤赞助，斐然成绩。顺时流，九秩共迎来，齐欣悦。

（选自《东中校刊》复刊第十八期）

---

① 三楼，指八五祝如纪念楼、豪勉体育中心、雪云纪念大楼。

② 祝如，指八五祝如纪念大楼。

③ 豪勉，指豪勉体育中心。

④ 雪云，指雪云纪念大楼。

沁园春·庆东中母校八十五周年华诞

张其标

古老黉宫，亮丽明珠，远近传闻。缅爱诚俭勇，治学之旨；元戎谆嘱，化育之魂。刻苦攻关，攀峰越顶，直薄九天揽月轮。人心奋，看年来光景，无负殷勤。

喜迎八五佳辰。夸不尽琼楼玉宇新。听中心[①]哨响，健儿驰骋；祝如鞭指，严正有文。莽莽东山，雪云耀日，姹紫嫣红涌院门。齐欢舞，祝英雄母校，永驻青春！

（选自《东中校刊》复刊第十八期）

东山中学建校八十五周年暨八五祝如纪念楼、豪勉体育中心、雪云纪念大楼落成剪彩楹联（节选）

丘飞霞

校友楼：

上联：建纪楼，兴广宇，筑中心，宏图得义持，长向三胞申谢悃；

① 中心，指彭淦波校友捐建的豪勉体育中心。

下联：充设备，重师资，严教学，胜策赢丰获，欣看万马跃新程。

豪勉体育中心揭幕：

（一）

上联：豪气冲天，一派龙腾虎跃；

下联：勉风拂地，三千李秀桃英。

（二）

上联：豪情逐浪来，泽惠东山，交相辉映成三体；

下联：勉意随风至，益披学子，遐迩传扬耀九春。

（选自《东中校刊》复刊第十八期）

东山中学建校八十六周年楹联（节选）

丘飞霞

校友楼：

上联：勉创新，持进取，识势抓机，争跻千范百强学校；

下联：兴科教，守忠勤，求真务实，广毓两文四有人才。

（选自《东中校刊》复刊第十九期）

咏淦波学长（六首）

郭湖芳

（一）

恭祝彭公“果老”年，多行好事寿南山，
福如东海为公益，恩及东中数不完。

（二）

东中又一大台柱，壮丽美观“淦伯图”，
引进带头双管注，百强千所下功夫。

（三）

爱诚勇俭好家风，爱国爱民常立功，
慷慨输将陶国器，良模永铸在东中。

（四）

叶帅告台黎庶书，传来宝岛尽欢呼，
三通淦伯乡心切，连返东中十二周。

（五）

连续归来十二周，周周校庆展宏图，
年年岁岁花争艳，姹紫嫣红耀五洲。

（六）

淦伯勋劳满校园，桩桩好事系东山；
金声玉振千年韵，硕德留徽校史篇。

（选自《东中校刊》复刊第二十期）

一剪梅·赞旅台湾彭淦波学长

张其标

爱校殷情似海稠，十二春秋[①]，往返绸缪。
殚忠竭智作参谋，慷慨捐筹，构饰新楼。
黉舍而今倍显幽，堂馆金鎏，引领潮流。
万千师友尽歌讴，麟阁功遒，青史名留！

（选自《东中校刊》复刊第二十期）

忆萝月·新纪赠彭淦波学长

丘飞霞

东山硕健，好义彰双岸。最是己非缠万贯，素志坚持奉献。　　樟坑满眼春明，四姑[②]毓秀钟灵。新纪层楼更上，淦翁肝胆照人。

（选自《东中校刊》复刊第二十一期）

---

① 十二春秋，指彭淦波学长连续十二年返校参加校庆。

② 四姑，指四姑嶂，是彭学长故乡梅州最高的山。

彭淦波学长颂

饶涤生

（一）

离校依依渡海洋，台湾作客望梅江。
春宵秋夜尤怀念，慈母东中入梦乡，

（二）

游子风高德道昌，支持子弟读华章。
栽培玉树迎春日，情似金波万丈长。

（三）

黄蜂山里辟山庄，水碧天青万木苍。
美石金沙为淑景，风流无处不春光。

（四）

一片麟心分外香，善言善举业辉煌。
爱乡爱国民称颂，大德之人寿且康。

（五）

意识如珠润闪光，待人和蔼热心肠。
知书结友情如火，信义忠仁誉八方。

（选自《东中校刊》复刊第二十一期）

敬礼，彭淦波老学长！

冯惠彬

爱校爱乡胜自身，身处隔海心似金。
五十八年离故土，一十六载慰娘亲[①]。
贤士琼楼迎风立，电教玉宇蕴黄金。
泽被桑梓樟坑绿，德播黉宫周溪钦[②]。
玉树临风身手健，神采飞扬庆期颐。

（选自《东中校刊》复刊第二十四期）

仿词（临江仙）联·贺彭淦波老学长八五大诞

丘飞霞

孰知卅载长离，何幸一朝荣返。广献力资兴校建。无间参母辰，挚诚凌阁灿；　　喜值淦翁八五，欣看晚景万千。悠游杖履享天年。有仁乐公益，寿纪祖彭延。

（选自《东中校刊》复刊第二十四期）

① 慰娘亲，是指彭淦波自1989年始，每年回校参加校庆活动，庆祝母校生日。

② 樟坑，是指其故乡；周溪，是东山中学的代称。

诗一首

田一石（旅穗校友）

接母校请柬和锦庆、湓波同学多次相邀回梅参加校庆，因身体原因，不能成行。得知贤士体艺楼剪彩、建校八十周年宪梓大礼堂奠基，心中十分兴奋，因赋拙诗一首。

艰难创业靠叶帅，十载维持赖众贤[1]。
今日捐资百万者，功勋尤更似当年。

（选自《沙——彭湓波集编》2004，第51页）

① 当年东中复校后，校舍破烂，十载期间，赖丘燮亭等众先贤捐资维持和建新校舍，使母校有很大发展。今日港、台和海外诸学友，热心捐助建校，母校之发展，更不可同日而语矣！

第四部分

立楼立言立奖

一片麟心分外香

捐输兴学业辉煌

建校八十周年纪念系列工程项目简介

为进一步改善90年代学校教学环境和学生学习条件，1989年4月1日（建校七十六周年）校庆后，学校及校友会曾邀请部分海内外校友举行专题座谈会，全面研究有关方案，作出改善初步规划，并得到海内外广大校友的热情支持，现将进展情况简介如下：

贤士体艺楼 1990年4月1日（七十七周年校庆），旅台校友彭湃波先生率先慨捐30余万元，为建造“贤士体艺楼”举行隆重奠基典礼。由市建筑设计院设计，市建筑工程公司（二级企业）承建，钢筋混凝土全框架结构。1991年4月1日（七十八周年校庆）建成剪彩，建造总面积888平方米，楼高15米余，共三层，一楼体育训练馆；二楼艺术馆；三楼乒乓球训练馆兼教工周末文娱活动中心。已投入使用，从而填补了本校体育、艺术室内训练的空白。

宪梓大礼堂 由旅港知名校友“领带大王”曾宪梓先生慨捐100万元人民币建造。1991年4月1日（七十八周年校庆）举行隆重奠基典礼。工程由市设计院设计，市建筑工程公司（二级企业）承建。1992年4月施工，建筑总面积2100平方米，钢筋混凝土全框架结构，工程宏伟。目前主体工程已接近完成。

校友楼 由印尼校友、董事集资50万元建造。1991年12月举行隆重奠基典礼，1992年3月施工，由市建筑设计院设计，潮阳县建筑工程公司（二级企业）承建。楼高五层，钢筋混凝土全框架结构，总面积1100平方米，主体工程已竣工。10月后转入琉璃瓦天面装饰及内外全面中上档次装修。

电化教学楼　由旅台校友集资45万元捐建，1992年4月1日（七十九周年校庆）举行隆重奠基，梅县建筑设计院设计，梅州市住宅建筑工程公司承建，1992年6月施工，总面积1050平方米，四层楼，钢筋混凝土全框架结构，至10月底主体工程可竣工。

以上建校八十周年纪念系列工程项目，经工程人员、承建单位及校内外管监人员的认真负责，密切协作，共同努力，各项工程部件均按设计要求顺利进行，各承建单位均表态：

1. 工程质量要达到优良；
2. 内外装修标准要达到中上水平；
3. 如期竣工。

目前为止，经市设计质检、承建单位管监及学校基建、监建三方有关负责人检验结果，施工的三项工程均合标准，50%以上超过设计要求。

东中基建组张概棠供稿

（选自《东中校刊》复刊第十一期）

建校八十周年纪念系列工程简介

为纪念建校八十周年而筹建的系列工程，目前已经全部竣工，兹分别简介如下：

贤士体艺楼 旅台彭淦波校友独资30余万港元捐建，面积888平方米，为一体育、美术、音乐等综合艺术教学楼。此楼已于1991年4月1日建成交付使用。

宪梓大礼堂 旅港曾宪梓校友独资120余万人民币捐建，面积2448平方米，座容1600人，为一多功能（开会、放电影、体育文艺表演）现代化的大型建筑，于今年八秩校庆落成剪彩。

校友楼 旅印尼校友集资港币60多万元捐建，面积1008平方米，内设办公室、校友接待室、资料室、展览厅等，造型新颖，为一新式楼宇建筑，于今年八秩校庆落成剪彩。

电化教学楼 旅台校友、乡贤集资30余万港元捐建，面积980平方米，内设课室、电脑室、资料室等，为校园内地势最高的新式建筑，于今年八秩校庆落成剪彩。

校门重修 旅港黄华校友独资修建，造价人民币18万元。重修后的新校门嵌上素色花岗石，配上豪华拉闸，与更新后的围墙连成一整体，朴素壮观，于今年八秩校庆建成揭幕。

上述工程的竣工揭幕，为母校校园楼宇的更新和教学设施的现代化起着巨大作用，谨此表示衷心感谢。

建校筹委供稿

（选自《东中校刊》复刊第十二期）

华侨、港澳台同胞校友及乡贤捐建校舍情况统计

贤士体艺楼　1990年台湾校友彭淦波捐资30万元兴建。

电教楼　1992年由台湾校友、乡贤捐资30万元兴建。

豪勉体育中心　1998年台湾校友彭淦波捐资60万元兴建。

（选自《百年东中》2013年，第47—48页）

贺电

广东梅县东山中学

欣逢母校（七十八）周年校庆暨贤士体艺楼剪彩

谨致以热烈的祝贺

祝母校在发展教育和培养人才的事业中取得更大成就。

曾宪梓

1991年3月19日于香港

（选自《东中校刊》复刊第十期）

贤士体艺楼碑记

本校1940年高中部毕业生彭淦波在台经商，刻苦勤劳，热诚忠厚，现因两岸开放探亲交流，为回馈母校，嘉惠后学，并纪念其先翁彭贤士先生，独资捐建贤士体育艺术楼一座，于七十八周年校庆日落成。特缀数言，藉留永念。

1923年校长彭精一撰　时年97岁

1936年班校友李士琏书于台湾

1991年4月1日立

（选自《东中校刊》复刊第十二期）

校友楼奠基

张其标

由以印尼校友为主集资捐建的“校友楼”，已于1991年12月2日在原挹程楼旧址动土奠基。旅印尼校友饶占广先生亲自返校主持奠基。参加奠基仪式的还有何万真、罗传厚、王远昌等上级领导同志。“校友楼”高五层，面积1 100平方米，内设办公室、资料室、客房、展览室等近10间，造型新颖，设施齐备，计划至1992年12月1日全面竣工，并交付使用。

（选自《东中校刊》复刊第十一期）

校友楼碑记

本校友楼之筹建倡议，始于一九九〇年“七七”校庆校友座谈会，当时议定为建校八十周年纪念系列工程项目之一。一九九一年九月，饶占广校友在广州表示：印尼校友愿意集资捐建。因此校友楼乃成为印尼校友献给母校八十周年纪念之一座巨型建筑。该楼于一九九一年岁末奠基，一九九三年仲春竣工，并于同年八秩校庆之辰剪彩。楼高五层，西式结构，面积一千平方米，耗资五十余万港元。为彰伟绩，特勒石以志永念。

广东梅县东山中学立

一九九三年四月一日

（选自《东中校刊》复刊第十二期）

电化教学楼碑记

母校创校即届八十周年，海内外校友倡议，捐献八十周年纪念堂一座，当时决定筹款港币一百万元，台湾区校友负责捐款港币三十万元。嗣以香港校友曾宪梓愿独力捐献纪念堂，因而将台湾区校友捐款，改为建造电化教学大楼，兹以奠基落成，特将捐款人芳名及金额勒石如次，藉留永念。

台湾区校友会理事长潘焕昆敬撰

部干事李士琏拜书

1993年4月1日

（选自《东中校刊》复刊第十二期）

《东山丛书》新三集，向母校87华诞献礼

《东山中学丛书》之十四《彭精一先生纪念集》（彭精一，1923—1927年任东山中学校长）；丛书之十五《萍踪浪迹》（旅台湾校友曾联兴著）；丛书之十六《悠悠学子情》（高中1958届毕业四十周年聚会纪念文集）。三部书，用红绸彩带系成三捆，丛书之十四由旅台湾东山中学校友会理事长彭淦波、丛书之十五由旅台校友刘杰秀、丛书之十六由1958届同学会秘书长梁锐成校友向校庆大典献礼。

（选自《东中校刊》复刊第二十期）

喜雨滋苗壮　桃李看成蹊

——本校隆重颁发奖学金

丘飞霞

旅台老校友彭淦波，从去年起每学年捐赠奖学金港币12 000元，以分奖品学兼优或家境较清贫之学生。近期（9月12日）彭老乘回乡之便，返回母校主持颁发仪式，会上殷恳致词：一、勉励男同学要向女同学学习（因此次受奖者，女多于男），淬砺奋发、共同竞进，以争取更优秀的成绩；二、从表面上看，东中学生体格不太好，今后必须加强锻炼，“有健全的体魄，才有健全的事业”，乃能担负起未来建设祖国

的伟大重任。语重心长，受奖学生恭敬倾听、无不默默表示定不负彭伯伯的殷切期望。

接着，旅港校友刘锦庆、曾宪梓、黄华，旅外校友罗光华之定期奖教、奖学金亦随之颁发，一股奋发、向上、竞进、图强的激情，充溢会场，掌声震撼东山岌。最后，受奖同学分别留影，以志斯盛。

（选自《东中校刊》复刊第十一期）

刘锦庆、曾宪梓、罗光华、黄华、彭淦波奖教奖学金隆重颁发

亚　腾

旅港刘锦庆、曾宪梓、黄华校友，旅外罗光华校友，一贯对母校教育教学备极关怀，长期认捐奖教、奖学金，以鼓励师生勤教勤学。本学年度上列校友奖教、奖学金一依受奖条例已隆重先后颁发。

旅外老校友彭淦波，从今年开始，每学年捐赠奖学金12 000港元。近日乘回乡之便特返母校主持颁发。仪式隆重，受奖学生受到极大鼓舞，并表示更积极搞好学习，以不负彭老殷切的期望。

（选自《东中校刊》复刊第十期）

彭湓波奖学金条例

一、本奖学金由旅台校友彭湓波先生每年定期赞助12 000港元。

二、本奖学金用于奖励努力上进、品学兼优，每年由本校高中毕业考入全国重点大学者，若干名；初一、初二、高一、高二各年级升级考试名列全级前三名的学生，以及新学年考进东山中学高中、初中一年级就读的前三名新生。

三、奖励办法

（一）应届高中毕业，考入全国重点大学者（按本校名次顺序）

1. 理工科：第一名，1 000元；第二名，900元；第三名，800元；第四名，500元；第五名，400元；第六名，300元；第七名，250元；第八名，200元；第九名，150元。

2. 文科：第一名，800元；第二名，700元；第三名，500元。

3. 外语科：第一名，700元；第二名，500元。

（二）本校初、高中学生，升级考试名列全年级前三名者

初一升初二：第一名，150元；第二名，120元；第三名，100元。

初二升初三：第一名，150元；第二名，120元；第三名，100元。

高一升高二：第一名，200元；第二名，150元；第三名

120元。

高二升高三：第一名，200元；第二名，150元；第三名，120元。

（三）新学年考取东山中学初、高中新生，按录取成绩前三名

初中新生：第一名，100元；第二名，80元；第三名，70元。

高中新生：第一名，150元；第二名，120元；第三名，100元。

四、文科或理科，高考成绩获全省第一名者加发奖学金1000元。

五、考取全国重点大学的新生或在本校就读、品学兼优的学生，因家庭经济有特殊困难，影响学习者，可向学校一次性申领“彭淦波学习困难补助金”，由有关方面个案研究审批。

六、本奖学金由学校评审委员会每年评审发放，并颁发获奖证书。

七、本奖学金，每年如有剩余，则累积下年度使用，如有不足，另行补足。

八、为方便起见，皆以港元为计算单位。

鸣谢

本期校刊印刷费蒙下列旅外校友、乡贤热心赞助谨致谢意。

彭湃波　　（港币）10 000元

旅泰校友　（港币）1 000元

潘国亮　　（港币）1 000元

吴荣盛　　（港币）1 000元

东山中学

东中校友会　谨启

1991年9月

（选自《东中校刊》复刊第十期）

廖苾光教授奖学金简则

一、宗旨：廖苾光教授曾于1938—1940年，在东山中学任教，并担任训导主任，倡导“爱的教育”理论，实践“人格教育”方式，以生活陶冶为手段。为纪念廖苾光教授终身从事教育事业，为国家培育人才，贡献毕生于社会起见，特设置此奖学金。

二、本奖学金由彭湃波校友每年提供港币5 000元。

三、给奖类别与给奖名额

给奖类别分十类：

（一）尊师奖；（二）孝行奖；（三）善行奖；（四）公德奖；（五）服务奖；（六）音乐奖；（七）美术奖；（八）体育奖；（九）创作奖；（十）艺术奖。

给奖名额：每类初、高中各一名，每名港元250元。

四、推举办法

1.每学年一次，以班为单位推举一人，如无适当人选，不推举亦可。

2.推举时应填写推荐表（如附件）。

3.推举人应于每年3月1日以前送交东山中学教务科汇集。

五、审核

1.组成审查委员会，由校长指派九人组成。

2.每类候选人由出席委员票选决定一人。

六、颁奖

1.每类得奖人应于3月20日以前决定。

2.每年定于4月1日校庆日颁奖。

七、附记

1.本年获得其中一个奖项者，次年度不得再提名，不同类别者不在此限。

2.评赛委员每年得由校长遴选。

3.本奖学金自1994年开始实施。

4.如有未尽善之处，得修改文。

<table>
<tr><td colspan="3">候选人推荐表</td></tr>
<tr><td colspan="2">姓　名</td><td></td></tr>
<tr><td colspan="2">年　级</td><td></td></tr>
<tr><td colspan="2">奖　别</td><td></td></tr>
<tr><td colspan="2">事　绩
（1 页叙述翔实，篇幅不够可另加附页）</td><td></td></tr>
<tr><td rowspan="2">推
举
人</td><td>班主任</td><td></td></tr>
<tr><td></td><td></td></tr>
</table>

办公室

（选自《东中校刊》复刊第十三期）

游子学子两相励

——记彭湃波、宋新民奖学金颁奖大会

汤慕娜

9月28日上午，东中宪梓大礼堂内气氛热烈，全校师生济济一堂，一同参加彭湃波、宋新民两位先生亲自回来颁奖的、各以他们的名字命名的奖学金颁奖大会。

主席台上，还坐着几位特邀参加大会的获奖学生家长，场面庄重热烈。大会由蓝仕钊副校长主持。在阵阵的热烈掌声中，获得彭湃波奖学金、宋新民奖学金的同学分别上台受

奖，留影。

彭老、宋老和每位获奖学生都亲切地握了手，他们慈祥的眼光，流露着对青年一代的关怀、勉励，也激起了在场每一位同学努力学习、奋力拼搏的精神。

颁奖之后，彭老、宋老分别作了讲话。彭老还特意转达了彭精一老校长对母校师生的问候；从他的讲话中，我们得知宋新民先生并没有在东山中学学习过，这次在东中设立奖学金，完全是凭着一颗赤诚之心，支持家乡教育，关心东中学子；彭老给我们点出了设立奖学金的目的——虽然奖金不多，但给予学生精神上和物质上的巨大鼓励，推动我们的学习，他还特别指出了得奖并不是学习的目的。宋老这次是特意从台湾回来颁奖的，同来的还有他的儿子和女儿。

在宋老的讲话中，闪烁着深奥的哲学思想，他给我们提出了三点学习方面的建议，并勉励我们：

现在你们以在东中学习为荣，以后东中要以你们为荣，你们要为东中争光。在大会中间，蓝副校长宣布了一个振奋人心的消息：彭淦波先生决定在东中设立以他的老师廖苾光的名字命名的奖学金，用于奖励在德、智、体、美、劳等方面全面发展的学生。并决定于次年4月1日八十一周年校庆的时候颁发。

之后，获奖学生代表、家长代表、学校领导分别作了讲话。学生、家长、领导都祝愿两位企业家在事业上取得更大成就，并表达了我们对两位老人热心家乡教育事业的行动的赞美和感谢！

上午10时左右，大会圆满结束。

（选自《东中校刊》复刊第十三期）

“廖苾光美德奖学金”隆重发放

江意民

为纪念老校友廖苾光教授终身从事教育事业、精心培育人才，为国家贡献毕生精力的功绩，由旅台湾校友彭湓波先生倡议并每年提供港币5000元设立“廖苾光美德奖学金”，定期发放。本奖学金设尊师、孝行、善行、公德、服务、音乐、诚实、体育、俭朴、义务等十类奖，每类两名，每名港币250元，通过推荐、审查、评定，于每年校庆期间隆重颁发。首届“廖苾光美德奖”，已于今年4月1日母校八十一周年庆祝大会上由彭湓波先生亲自主持并隆重颁发，气氛热烈，盛况空前（张其标）。

（选自《东中校刊》复刊第十四期）

《追思集——缅怀廖苾光教授》一书出版

张其标

为了缅怀当代杰出的文学家、社会学家、教育家、我们敬爱的老校友廖苾光教授的毕生功绩，学校编撰出版了《追思集》一书，作为《东山中学丛书》之四，献给广大校友、读者。本书由旅台湾知名校友彭湓波先生赞助出版，全书13万字，文章的大部分作者都是廖教授的学生。行文流畅，风格各具，萦思缕缕，亲切感人，很值得一读。

（选自《东中校刊》复刊第十四期）

第五部分

归宁纪实

领导校友发言、校庆报道、剪彩简讯

朱文澎校长在七十六周年校庆大会上致词

尊敬的市委、市政府以及各兄弟单位的领导，尊敬的各位贵宾，尊敬的永芳、南源公司的总经理、厂长先生，尊敬的彭湃波先生偕侄儿及各位先生，尊敬的各位老前辈，亲爱的教职工同志们，同学们：

值此我校七十六周年校庆、永芳楼落成剪彩暨欢迎海内外校友归宁之际，让我代表东山中学对各级各位领导，各位贵宾的光临表示最热烈的欢迎和最衷心的感谢。对全体教职工、同学们表示亲切的慰问！

东山中学走过了76年的光辉历程。而她从一所私立学校迈入省重点中学，乃至国家重点中学的行列；从一所只有几百名师生、几座老建筑物的小型中学发展到今天具有两千多名学子、教师队伍整齐、在10万平方米的校园内高层教学大楼、科学馆、图书馆和新型师生宿舍林立的大型中学，这是党和政府长期领导、重视、关怀备至的结果，也与遍布海内外的各位校友、学长，贤达能人和各部门、各兄弟单位诚挚的匡扶和赞助分不开。比如，自1978—1988的十年里，华侨、港台海外老校友、老学长已为东中捐建、捐赠图书馆、教学大楼等校舍，电脑、图书等教学设备和小汽车、电气设备等价值共300多万港元。曾宪梓先生等一大批贤达能人，他们作为校友一直把东中母校看作是他们自己的母亲而慷慨解囊相助。正是：贤达赤诚耀桑梓，众老前辈光东中。不少兄弟单位、厂矿、部门和社会贤达对东中多年的赞助，亦为我校解决了诸如教师家属工作安排、学校设施完善等不少实际问题，还不时捐献物质和资金，使我校得以进一步更快更好的发展。

而今天落成剪彩的“永芳楼”的捐建者——我校校董姚美良先生，虽然不是东中校友，但姚先生关心支助慈善事业、教育事业之心，却誉满国内外。姚先生遵照其先君“取之于社会、用之于社会”之遗训，不吝钱财慷公益。姚美良先生这种美举良德不仅为我校师生所十分敬佩，并祝“永芳”这个名字，像永芳化妆品一样永世芬芳。请允许我把“永芳楼”和姚美良两个美名并成这样的对联：

永筑崔巍，梓匠巧成，美奂美轮辉学海；

芳声洋溢，义囊慨助，良模良德耀神州。

今天还有一件大喜事，就是我们的老校友、老学长、实业家彭淦波先生偕侄儿及几位先生专程从台湾回来参加我们今天的庆典活动，这是我们东山中学几十年来的第一次。我们感到特别的高兴。这正是：念慈亲，怀师友，热情洋溢，不辞万里赋归来。

请让我代表东山中学全体师生员工对彭淦波先生偕侄儿及几位先生的光临表达深深的敬意和感激！

党和政府正在采取各种措施，并将作出重大决策，下大决心努力挽回20年来教育事业上出现的失误。全世界各国人民也在期待着，希望人类的教育事业在中国这片960万平方公里的土地上能够正常发展。在他们看来，中国的教育事业发展与否，不仅是中国的事情，也不仅是振兴中华民族的事业，而是关系全人类进步的大事……这一切的一切，都将促进中国教育事业和科学技术事业的进一步发展。作为广东省重点中学的东山中学的全体师生员工更有理由以新的姿态去迎接新的战斗任务，努力把东山中学建设成为一所“优质的教育、教学，优良的学风，校风，优美的校容、校貌”的具有现代化水平的三优学校！

谢谢各位！！！

（选自《东中校刊》复刊第七期）

朱文澎校长在七十七周年校庆庆祝大会上致词

敬爱的老校友彭淦波学长，刘锦庆学长，曾宪梓学长伉俪，李信章学长伉俪，尊敬的各位领导，各位来宾，校友们，同志们：

四月红棉艳，校园百卉妍，繁花迎宾客，同庆七七诞。今天贵宾满座，校友云集，大家欢聚一堂，共庆我校七十七寿诞。在这美好的时刻，首先让我代表全体师生向光临这次盛会的各位领导、各位来宾、各位校友和到会的同志们表示最热烈的欢迎并致以衷心的感谢和崇高的敬意！也趁此机会向各位报告，我校第五任老校长、九六高龄的彭精一寿翁，因不便乘飞机而未能如愿从台湾返校参加校庆，但彭寿翁亲笔写来“百年树人，东山之光”的校庆贺词和热情洋溢、祝母校蒸蒸日上“马到成功”的贺信。这里，我代表全校师生敬请彭淦波、温带鸿两位学长转达我们对彭精一老校长最深情的问候，恭祝彭老校长健康长寿！从50年代到现在的历任校长，除冯引士老校长已去世外，其余的梁松、刘解珍、李甦仁、李泉隆、罗传厚校长（现任市教育局局长）全部到会。特别是彭淦波学长特邀当年的两位老师、华南师大离休的著名教授廖苾光老前辈、上海麻纺专家李志乔老前辈，以及在国内部分当年与彭淦波老学长同班的“焱社”同窗20位老学长均光临盛会。在此，我代表全体教职工向上述各位老前辈、老学长表示衷心的感谢和敬意！

东山中学从1913年创办至今，已度过了七十七个春秋。在这七十七年的漫长岁月中，东山中学经受了多次沧海横流的冲击。东中的师长前辈，莘莘学子在不同年代经受过难以言状的磨炼。1927年学校曾一度横遭封闭，正当东山中学处于风雨飘摇的时刻，是东山中学董事、海外华侨、国内乡贤、广大校友，以及校内师生团结同心，奋力和妄图扼杀东山中学的恶势力作抗争，从而赢得了舆论的支持和声援，东山中学终于获得了解封。在过去漫长的岁月中，每当东山中学处在困难时期，我们的校董、热心华侨及海内外校友们，便本着一贯爱校的精神，为东中排忧解难。下面说说有关情况：

一、1913—1933（创校20年期间）有旅印尼华侨董事、东中创办人之一的丘燮亭、叶子彬、陈镜秋先生等华侨共捐建教学楼房、大礼堂、爪哇华侨楼、挹程楼、旭升楼、南门校友会楼等楼房五座，物折款及办学经费等共8.8万余银圆；

二、1934—1936年间，旅外华侨陈南康先生等捐建的南康图书馆、二十周年纪念堂及物折款等共4万余元毫洋券；

三、1946—1949年间，印尼、毛里求斯、新加坡、暹罗、缅甸、南非等国，以及台湾等地区华侨刘家琪、刘宜应先生等捐建学生第二宿舍、科学馆、松山堂三座楼堂并捐款及物折款共8.4亿余元国币；

四、1979—1989年间，旅外华侨校董及港澳同胞曾宪梓、刘锦庆、姚美良、饶占广、章生辉、黎次珊先生等，捐建宪梓教学楼、宪梓图书馆、七十周年纪念大楼、永芳楼等及物折款共捐资234万港元。

以上是海外热心华侨乡贤、校董及校友在各个时期从经济上物资上资助母校的概况。

1951年，东中定为广东省立中学后，人民政府逐年拨款兴建了“五二楼”“五三楼”“五四楼”三栋教室和第二、第三、第四栋宿舍及科学大楼、阶梯教室、语言实验室、电脑室、学生宿舍及教师套房宿舍多座，使我校校舍得到进一步充实并臻于完善。

而今，我们迎来了90年代的第一个校庆，在这喜庆的日子里，旅外校友彭淦波学长又热心捐资30万港元兴建“贤士体艺楼”，填补了母校体育艺术室内操练场地的空白。

借此机会，我要向校友们，向关心东中的侨胞及其亲属们说明的是，原由侨胞捐建的“旭升楼”“松山堂教室”“老科学馆”等，因年深日久，材料已起变化，维修困难，“松山堂”曾征得刘先生亲属同意，拆建成“阶梯教室”；“旭升楼”则因侨属星散，联系不上，遂由校友会理事会讨论通过，拆卸另建项目；“老科学绾”则已地陷墙裂，属一级危房，无法维修，欣得淦波学长同意，捐资兴建“贤士体艺楼”，定位于科学琯旧址。凡属这类情况，学校都将在原地竖立碑文记叙，以垂永念！请侨属们见谅！前些时，陈南康先生嫡孙从海外致函学校，表示要继承祖志，修建“南康图书馆”，要求学校作出修建工程方案及预算，我们极为感激，并已一一函复致意。

校友会常务理事会，于近日研讨了进一步完善学校校舍四层次的规划，即第一层次，建造体艺楼，这项工程已由彭淦波学长慨然允诺付诸实施；第二层次，集资“筹建八十周年纪念堂（大礼堂）”，这项工程力争1993年母校八十周年大庆时落成剪彩；第三层次，改建旧建筑“挹程楼”；第四层次，迁建校友会楼。母校七十七年来在风风雨雨中成长、发展，培育了近三万名初高中毕业生，遍布海内外。其中有著名的革命家、政治家、军事家叶剑英元帅、萧向荣将军以及教授、专家、学者，企业家及遍布国内各行各业中的骨干力量。

学校是百年树人的基地，七十七年来，母校为社会、为祖国建设做出了一定的贡献。这些成绩的取得，除了正确的办学目的、明确的办学要求外，就是一贯重视发挥侨乡经济实力的优势，做好海外乡贤和华侨校友的团结爱校工作。至目前为止，学校三十余座楼房建筑面积共33 752平方米，其中华侨捐款建造的计11 811平方米，占33.13%。

东山中学从1913年创办开始，就与华侨结下不解之缘，今天取得的成绩，华侨之功不可没。今天是90年代的第一个校庆，港、澳、台校友热情地回来参加，海外乡贤及校友也发来贺电贺信，爱乡爱校之情洋溢感人。

这里让我再次向尊敬的领导们、贵宾们、校友们致以衷心的感谢！最后，祝各位首长、各位嘉宾、各位校友身体健康，事业成功！

谢谢！

（选自《东中校刊》复刊第九期）

温绍权校长在建校七十八周年大会上致词

尊敬的各位领导、各位嘉宾、各位校友、老师、同学们：

一年一度春光好，又是母校祝嘏时。值此红棉吐艳、百花盛开、春意盎然、校园生辉的美好时光里，我们欢聚一堂，热烈庆祝东山中学建校七十八周年暨贤士体艺楼落成剪彩和八十周年纪念、宪梓大礼堂奠基典礼。在这三喜临门的大喜日子里，首先让我代表东山中学全体师生员工向光临这个盛会的各级领导、来宾、校友表示衷心的感谢！向专程从台湾回来参加庆祝活动的尊敬的彭湓波先生、尊敬的旅港校友曾宪梓先生及夫人黄丽群女士、刘锦庆先生以及海内外嘉宾表示最热烈的欢迎和崇高的敬意！向全体师生员工表示最亲切的问候！

春风又绿梅江岸，东山桃李竞芬芳。借此喜庆的时刻，让我向各位来宾报告一件振奋人心的喜事。自去年母校举行建校七十七周年纪念大会，旅台校友彭湓波先生、旅港校友曾宪梓先生、刘锦庆先生等倡议筹建八十周年纪念大礼堂以来，得到海内外校友热烈响应，积极支持。到目前为止，已有九百多人，共捐资人民币三万五千元及港币十万元。今年元宵，曾宪梓先生伉俪在回梅参加“九一”捐建工程剪彩及奠基大会上郑重宣布，独资捐献一百万人民币，为母校建造“建校八十周年纪念宪梓大礼堂”一座。喜讯传来，全校师生雀跃欢呼，欣喜相告，校园一片欢腾。学校在校筹委会委员，当即开会讨论，提出建议：将原来海内外校友为“建校八十周年纪念大礼堂”所捐的款项转作“建校八十周年纪念校友楼”或“建校八十周年纪念电化教学楼”，又或“建校八十周年纪念东山体育场”等系列项目，奖励办法仍按“建校八十周年纪念大礼堂”的办法办理。如有校友或社会贤达对上述项目量意独资或合资兴建者，我们同样高兴，不胜欢迎。在此，我代表学校郑重地征询各位校友的意见，并希望通过在座的校友向海内外校友转达这一情况。

嘉宾们、校友们，月是故乡明，情是校友深，捐资办学校，一片赤子心。东中校友热爱母校，一往情深，兴学育才，源远流长。资助母校，是东中校友的传统美德，从建校之初到1949年，就有旅外华侨和校友捐建的西新楼、南康图书馆、廿周年纪念堂、挹程楼，旭升楼、松山堂等。新中国成立后，族外华侨校友和港澳校友继续发扬资助母校的好传统，特别是十一届三中全会以后，旅港校友宪梓先生伉俪率先带头，捐建宪梓教学楼一座；1983年曾宪梓先生伉俪又捐建图书馆一座；1985年旅印尼等地44位校友合资兴建七十周年纪念大楼一座。尔后，印尼校友又集资捐建东山山顶水塔和庭园，1988年本校校董、旅外乡贤姚美良先生捐建永芳楼一座：此外，从80年代初至今刘锦庆先生、曾宪梓先生每年为母校捐献近万元奖教、奖学金，旅港校友黄华先生捐10万元奖学奖教基金，1990年旅泰校友罗光华先生为母校捐献4万元奖学奖教基金，1991年开始旅台校友彭淦波校友捐12 000港元作为奖学金。还有许多校友为母校捐赠各种教学仪器、设备、图书等。所有这一切都包含着校友的深情厚谊，凝结着校友的精力和心血。今天，淦波先生、宪梓先生又把校友热爱母校的传统美德发扬光大。贤士体艺楼的落成剪彩，在东山中学的历史上又写下了最新最美的一页。这座美观实用、雄伟壮观的体艺楼的启用，为母校提供了更完美的教学设施和更完善的育人环境，将为我校培养德智体美劳全面发展的高质量人才起到十分积极的作用。淦波先生热爱母校、热爱乡梓的赤诚之心，为我们所敬佩，其功至伟，其德无量，为世人所称颂。

而纪念建校八十周年宪梓大礼堂之奠基又将为母校树立一座育人的丰碑，也是母校创建以来最大的一项工程，全校师生渴望已久的多功能大礼堂动工兴建，十分令人感奋！众所周知，曾宪梓先生伉俪，一贯热爱祖国，热爱家乡，对东中母校尤系情深，当他鸿业有成，饮水思源，慷慨捐资，兴学育人，立功立德，霈泽桑梓，举国称颂，世代流芳！

嘉宾们、校友们，教育在发展，东中在前进。当今世界是竞争的时代，竞争的焦点在于人才。能否造就大批才华横溢、出类拔萃的人才，关系着国家民族的成败兴衰。东中过去是孕育万千人才的摇篮，今天是培养四化栋梁的基地。自1977年恢复高考制度以来，我校教育教学质量不断提高，名列全省前茅。1988年理科考生丘锋摘取了全省理科状元桂冠，1989年文科考生刘雁飞又在全省文科考生中夺魁。去年我校高考总成绩又有所提高。这些成绩的取得，除了全体师生共同努力外，十分重要的是有上级领导的关心支持和广大校友的热情资助。

多年来，梅州市政府财政拨款尽了最大的努力，保证了我们正常办学经费的开支，这是办好东中的最基本的物质条件。领导、校友和社会各方面的关心支持，时时鞭策鼓舞着我们要把教育质量提高到新的水平，不断创造出新的成绩。

在此，我也热诚地希望海内外校友，持续长期关心母校，继续从各方面给母校鼎力支持，使母校育人环境和现代化教学设施日臻完善。我们一定按照党的教育方针和现代教育理论办学，团结广大师生员工群策群力，同心同德，发扬光荣传统，振奋东山精神，进一步优化教师队伍，健全管理机制，切实搞好服务，为开创教育教学工作新局面，再登高质量、有特色、第一流的新台阶而努力奋斗！

同时乘此机会，请彭淦波先生，转达全校师生对彭精一老校长最深情的问候，祝福他老人家遐龄高寿，喜度晚年！并请到会的各位校友转达母校对海内外所有校友最亲切的问候，祝他们事业成功，鹏程万里！

最后敬祝在座的领导、来宾、校友、老师、同学们身体健康、万事如意！谢谢。

（选自《东中校刊》复刊第十期）

温绍权校长在建校七十九周年庆祝大会上的讲话

各位领导、各位来宾、各位校友、老师们、同学们：

“一年容易又春风，状元桥畔木棉红。”今天我们欢聚一堂，热烈庆祝东山中学建校七十九周年暨旅台校友捐建纪念建校八十周年电化教学楼奠基。在这喜庆日子里，让我代表学校和全体师生向在座的上级领导、来宾、校友表示热烈欢迎！向专程前来参加庆祝盛会的旅台校友彭淦波先生、温带鸿先生、彭慕先生以及广州校友代表叶导欣、叶国模先生等表示热烈欢迎和衷心感谢！向全体教职员工表示节日的慰问！

“发展教育、兴学育才”已成为当今社会共同关注的问题。众所周知，“人才”是强国富民之宝。我们东山中学怎样才能保持早出人才、多出人才、快出人才的优势？这是多年来摆在我们面前的重要课题。我们已经认识到：除了继续发扬优良校风、学风，发挥自己的优势和特长外，当前，十分重要的一条就是要不断更新教学设备、完善教学设施和教学手段，才能跟上现代教育发展的形势。

前段时间，我们到广州、佛山、江门等先进地区参观，深感我校教学设备的陈旧和落后。如不加速更新，采用现代化教学手段，教学质量就难于稳居先进行列。近几年来先后有印尼校友、旅港校友、旅台校友为优化母校育人环境做出可贵贡献，为改善母校办学条件而建起一座座育人的丰碑，尤其值得称颂的是旅台校友彭淦波先生十分热诚地关心母校。这几年来，他年年都回来参加母校的校庆活动，并为母校的发展和建设，献计献策，尽心尽力，奔走呼号。去年由他独资捐建的贤士体艺楼已胜利竣工，并投入使用，对完善母校的体育艺术设施，培养德智体美劳全面发展的人才，起了积极有效的作用。淦波先生还从去年开始设立了每年120 000元港币的奖学金，极大地鼓舞了全校师生为中华崛起而奋力拼搏刻苦攻关的精神，去年首批获得奖学金的十多位高三毕业班同学全部都考上全国各地的重点大学。

今天，由彭淦波先生热心发起旅台校友集资捐建的建校八十周年纪念电化教学楼，刚才又举行了奠基典礼，这又为母校的发展献上了一份厚礼，它充分表达了淦波先生和广大旅台校友的拳拳赤子之心、殷殷报校之情，它的建成将更进一步改善母校的教学条件，为母校开展电化教学，提高教学质量，提供了可靠的物质保证。在此，请允许我代表全校师生向热心母校建设的淦波先生和广大旅台校友表示衷心的感谢和崇高的敬意！

“校园迎春绿，桃李向阳红。”东山中学建校七十九年来，培养了大批出类拔萃的人才，遍布海内外，为祖国、社会做出了重大贡献。我们相信，今后在上级领导的关怀下，在国内外校友鼎力支持下，东山中学这个培育人才的基地，一定会永葆青春，长盛不衰。

最后，敬祝在座的各位领导、来宾、校友、同志们身体健康，万事如意！谢谢！

（选自《东中校刊》复刊第十一期）

温绍权校长在八十二周年校庆大会上的讲话

尊敬的各位校友、老师、同学们：

值此书院门前红棉盛开、东山岗上春意盎然的季节，我们又迎来了母校建校八十二周年纪念日。在这隆重的庆祝大会上，首先让我代表学校向专程从台湾、广州、浙江及各地回来的校友，向毕业离校四十周年专门组团回来的1955届校友、组团回来的1979届校友表示最热烈的欢迎和敬意！向全体师生员工表示节日的问候！

今天，东山中学走过了82年的光辉历程。80多年来，东山中学造就了成千上万的文化精英，孕育了大批蜚声中外的俊彦人杰，培养了一批批社会主义事业的建设者和接班人，他们在各个历史时期，在各自的岗位上，为民族的独立、振兴，为祖国的繁荣、富强，为人民的富裕幸福，为人类的文明进步做出了自己的努力和贡献，不断为母校赢得了荣誉和骄傲，也使东山中学成为南粤的一所名校、教坛的一面旗帜，驰誉海内外。因此东山中学成为莘莘学子梦寐以求的地方，多少志士仁人魂牵梦萦的故土。长期以来东山中学以自己不平凡的经历和实践，形成了“勇俭爱诚，严勤细实，勤奋好学，团结进取”的东山精神。其中，“团结奉献，爱国爱校”又是隐藏在历届广大海内外校友中最具特色的共同特征和行为表现。在今天到会的校友当中，彭湃波先生就是其中一个受人尊敬的典范。湃波先生爱国、爱乡、爱校的事迹很多，我不想作详细的一一介绍，我只想简单介绍他的许多“第一”。淦波先生于1940年东中高中毕业考上中山大学，由于历史的原因后来去了台湾，在两岸长期隔绝的年代里，他也时时通过海外其他校友了解母校的情况，直至1989年两岸交往有了松动，他就以第一个台湾校友的身份回来参加母校七十六周年校庆活动。也就在这次校庆活动期间，又是淦波先生第一个支持母校当时提出筹划建校八十周年纪念四个层次建设工程的计划，即计划到1993年建校八十周年的时候要争取校友和社会支持兴建体育艺术楼、八十周年纪念大礼堂、校友楼、电教楼四项工程。尔后三年他为这些工程的实现每年回校两三次参与运筹，出钱出力，并在各地奔走联络。为了使四项工程得以实现，1990年1月，他写信给母校，提出由他本人承担第一项工程体育艺术楼，并在4月1日七十七周年校庆时举行奠基，七十八周年校庆时落成。体艺楼的兴建又是第一个台湾校友在母校乃至在当时的梅州市范围内旅台乡贤的第一项捐资工程。以后，他又联络台湾校友、乡贤捐建了电化教学楼。淦波先生又是第一个坚持每年为出版校刊出钱的人；是第一个出钱为当年的老师出版《三友集》《追思集》《油油草堂》《大海的思念》等多部著作并列入《东山中学丛书》的人：是第一个提议，并出钱为母校设立“廖苾光美德奖学金”的人。淦波先生不但自己出钱出力，还积极发动旅台乡贤宋新民先生为母校设立奖学金。在他的带动下，近日又有旅台涂佛庭校友决定从明年开始每年捐6 000元港币设立优秀班主任奖金。今天，淦波先生是从1989年开始连续第七次回来参加母校的校庆活动，他表示要成为第一位旅居海外连续十年都回来参加校庆的校友。校友们、老师们、同学们，从淦波先生的这些“第一”，我们就可以看出东山中学校友的情怀和心胸。借此机会，让我们用掌声对淦波先生的爱校之情表示深深的敬意！

校友们、老师、同学们，82年来，正是东山的传统、东山的精神，在一代代东山人身上发扬光大，鼓舞激励着东山人开拓奋进。过去的一年，在党和政府的领导下，在社会各方面的关心支持下，在全体师生员工的努力下，东山中学的历史又添上了光荣的一页。东山中学通过评估，成为首批广东省一级学校。在“文明梅州”活动中，东山中学被评为梅州市“文明单位”。1994年高考省线入围率达93%，含并其他大中专升学率达98%以上，获得超历史的好成绩。语文、外语、数、理、化各科参加全国竞赛有36人次获省级以上奖励。有6位教师获得全国和省市的表彰。教学研究、教学改革也取得了好成绩，一批教学专著陆续由出版社出版，等等。成绩是值得鼓舞的，但在我们庆祝校庆的时候，全体师生更要清醒地认识到，我们面临着更艰巨的任务和挑战。全国教育工作会议和省教育工作会议明确指出要实现教育现代化，建设教育强省，在全国要建立千所示范高中和一百所教育强校。我们的目标是要进入千所示范和百所强校的行列，而我们在各个方面都还有较大差距。在去年校庆时，我代表学校提出了到1990年建校八十五周年时的第二步计划：即要争取建一座标准较高的学生宿舍，建一座集学校办公、教学研究、教学指挥于一体的教学指挥中心，增添标准化、现代化的教学设施，争取实现建设较高标准的东山运动场，以及争取按原貌修复东山书院等。在学校管理上，要继续完善学校管理制度，走上依法治校、照章管理的轨道。在教学工作上，要狠抓常规，深化教改，强化教研，全面提高学生素质，使学校的教育教学质量能够登上新的台阶。我们相信，在各级政府和社会各界的重视和支持下，有广大海内外校友和社会贤达的关心和赞助，通过我们全体师生员工的共同努力，我们一定能够攀登新的高峰，一定能够走向新的辉煌！

谢谢大家！

（选自《东中校刊》复刊第十五期）

温绍权校长在庆祝东山中学建校八十四周年暨纪念叶剑英元帅诞辰一百周年大会上的讲话

尊敬的各位领导、各位嘉宾，亲爱的校友们、老师们、同学们：

今天，我们在这里隆重集会，庆祝东山中学建校八十四周年暨纪念叶剑英元帅诞辰一百周年。让我代表全校师生向各位领导、各位嘉宾、各位校友表示热烈欢迎；向专程组团回校参加庆祝、纪念活动的海内外校友表示真诚的欢迎和敬意。向老师、同学们表示亲切的问候！

嘉宾们、校友们，今天东山中学举行纪念叶剑英元帅诞辰一百周年的活动，使今年的校庆具有特别重大的意义。众所周知，叶剑英支持和参与了东山中学的创办。1912年秋他考入务本学堂就读，任学生自治会会长。1913年春，为反对官方强行改组学校并派来思想守旧的黄道纯为校长，遂发生了学潮，叶剑英以学生自治会会长的身份团结、带领了一百多名学生，支持原县立梅州中学校长叶则愚和教师叶菊年、邓少楼等人，愤然冲出校门，在地方进步人士和海外华侨的支持下创办了新的学校——梅县私立中学。曾借树湖坪陈家祠、蔡家祠为教室，后迁至叶家祠。1913年年秋迁往梅县状元桥东山书院，学校定名为“私立东山中学”，校址与校名得以明确，每年4月1日定为校庆日。东山中学从创办之日起就与叶剑英的名字紧紧连在一起，在漫长的岁月里，他为东中的生存和发展做出了可贵的贡献。值此纪念叶剑英元帅诞辰一百周年之际，我们要缅怀叶帅的丰功伟绩，弘扬叶帅献身革命的精神，继承叶帅培育的革命光荣传统，为把学校办成培育跨世纪人才的环境一流、设备一流、管理一流、质量一流的重点中学而努力。

一年前的4月1日校庆，学校作出决定，于1997年4月1日庆祝建校八十四周年，同时举行纪念老校友叶剑英元帅诞辰一百周年的活动，并发出筹备纪念叶剑英元帅诞辰一百周年活动的倡议书。一年来得到海内外广大校友、乡贤和社会各方面的大力支持，倡议项目一一实现。一是铸造叶帅全身铜像，安置于校园，以垂永念。该项目已由香港宝丽华集团公司总经理叶华能先生捐资人民币28万元建造。叶帅全身铜像现已屹立在东中校园。二是举办“叶剑英与东山中学”事迹展览。今天已胜利开展。展览共有五部分：（一）参与创校艰苦办学；（二）少怀壮志品学兼优；（三）关爱母校情系东山；（四）三次视导殷切指航；（五）继承传统更创辉煌。展览再现了叶剑英一生为东山中学的创办、生存和发展奔走呼号、竭尽所能的真实感人事迹，它将作为对学生进行爱国主义教育和革命传统教育的宝贵场所。三是举行“叶剑英与东山中学”学术研讨会。研讨会将在下午举行，研讨会邀请了国内专家、学者参加。特别是叶帅办公室和叶帅传记组的老将军也将出席并参加研讨会。研讨会将对叶帅一生为母校所作贡献进行深入讨论和全面评价。叶老帅伟大的革命实践、伟大的革命品格、光辉的教育教学思想和著作是我们取之不尽的精神财富。通过研讨，我们要认真学习、继承和发展。四是向社会广泛筹募纪念叶帅教育基金。目前已筹募基金170多万元。其中叶帅亲友捐款人民币50万元，梅州市烟草公司、梅州市供电局、梅县发电厂等单位和海内外校友、乡贤为纪念叶帅教育基金作了大力的支持。梅县雁洋镇谢氏兄弟将其母生前积存十万元捐献给“东山中学纪念叶帅教育基金”。让我代表全校师生向上述单位和个人表示衷心感谢和崇高敬意。

东山书院是东山中学开基校址，250多年来她在促进为梅县文化的发展、为祖国培养人才方面发挥了重要作用，她既是珍贵的文化遗产，又是仅存的历史见证。她的存在对于扩大爱国统一战线，促进祖国和平统一都有重要意义。由于年久失修，书院原有的主体、门面已出现下沉和崩裂。社会贤达、海内外校友返校参观都曾提出维修建议，均因经费无着而未能如愿。为了弘扬客家文化，重振当年书院雄风，学校今天提出按原貌修复东山书院的倡议，计划筹募资金200万元，全面修复“东山书院”，并展示其文化、历史和革命的传统，作为对外开放和教育后人的基地。敬盼海内外校友、乡贤热心赞助，共襄此举。

嘉宾们、校友们，关爱母校、情系东山是叶老帅亲自倡导并身体力行的爱校精神，长期以来，广大海内外校友在这一精神带动下，形成了一股自觉的爱护母校、资助母校、建设母校的强大动力，促进母校不断发展、不断前进。今天又有旅台校友彭湓波先生捐资兴建的“豪勉体育中心”奠基；旅印尼校友章生辉先生捐建的“章生辉文化楼”奠基。这是彭湓波先生、章生辉先生献给母校的厚礼，也是校友们在母校发展上竖起的又一座丰碑。上述两项工程的建成将为母校培养跨世纪人才提供良好的物质基础，也为母校争取首批进入“千所示范学校和百所强校”创造了有利条件。让我代表全体师生向一贯关心母校发展的彭湓波先生、章生辉先生表示衷心感谢和崇高敬意。

嘉宾们、校友们，在今天热烈而隆重的大会上，还将举行旅台校友彭湓波先生每年12 000元港币奖学金和由彭湓波先生设立的廖苾光美德奖颁奖仪式，举行旅台校友杨照生先生昆仲设立10万元杨齐生奖学基金和旅台名誉董事李奠雁先生每年6 000元人民币，旅台名誉董事熊汉萍、李思汉先生每年共6 000元人民币设立奖教金捐赠仪式。还有著名作家程贤章先生设立的“困难学生资助金”捐赠仪式。程贤章先生今年开始每年从其稿酬中拿出4 000元人民币作为资助两名品学兼优、家庭困难的学生从高一读至高三毕业的费用。上述爱乡爱校，兴学育才的义举，受到全校师生的钦敬和全社会的赞誉。

嘉宾们、老师们、同学们让我们牢记叶老帅的谆谆教导，继承和发扬叶老帅亲自培育的东山光荣传统，激励广大师生勤奋教学、努力学习，把东山中学建成省内一流、国内先进的重点中学，为培养高素质的社会主义现代化建设人才做出新的贡献！

祝各位领导、各位嘉宾、各位校友、老师们、同学们身体健康！万事如意！

谢谢大家。

（选自《东中校刊》复刊第十七期）

杨昭尊校长在庆祝东山中学建校八十五周年暨三项工程落成庆典大会上的讲话

尊敬的各位领导、各位嘉宾、各位校友、师生们：

在即将迈入新世纪的春光里，我们满怀喜悦的心情，又迎来了东山中学建校八十五周年的美好时光。在此，首先让我代表学校向到会的各位领导、各位嘉宾，向来自海内外的各位校友，表示热烈的欢迎和衷心的感谢！向全体师生员工表示亲切的节日问候！

各位嘉宾、校友们！东山中学跟随着祖国历史前进的步伐，经历了艰辛而又辉煌的八十五周年。85年来，东山中学为国家、为社会培养了一批又一批杰出的人才，学子遍布五湖四海。他们怀报报效祖国的大志，为国家、为民族、为社会、为家乡做出了卓越的贡献。不论是政坛，还是商界；不论是科技领域，还是教育界，各行各业都有我们东山中学的莘莘学子。他们当中，有我们最为熟悉的叶剑英元帅、萧向荣将军，叶选平副主席，曾宪梓先生，有奋战在各部门各条战线的专家、学者、教授、企业家以及许许多多平凡而又光荣的社会主义建设者；有身居海外始终不忘报效祖国和母校的同胞。我们东山中学有今天的发展，有今天崭新的校容校貌，有今天基本现代化的设备和规模，都与这些校友及社会各界鼎力资助分不开。对他们为学校在物质文明和精神文明的建设上，在教学条件的改善和教学设备的添置上，所作的无私的奉献，我们表示崇高的敬意和深厚的谢意！

嘉宾们、校友们！众所周知，东山中学华侨校友社会贤达捐资办学的历史是源远流长的。自创办之日起至今八十五周年，从未间断过。尤其是改革开放以来，广大海内外校友和侨胞爱国爱乡热情与日俱增。改革开放以来，海外侨胞第一位在梅州捐资的就是曾宪梓先生，同时曾宪梓、刘锦庆等一批旅港校友率先向母校捐赠教学设备。曾宪梓先生在母校独资捐建教学大楼——“宪梓教学楼”，紧接着为母校独资兴建“宪梓图书馆”“宪梓大礼堂”以及合资兴建“七十周年纪念大楼”，同时，还为母校捐赠了大批教学仪器设备和图书资料以及设置奖学金。近二十年来，累计300多万元人民币。像曾宪梓先生一样热爱家乡、关心教育、支持东山中学的有识之士不胜枚举。

今天，我们在欢庆建校八十五周年的美好时刻，又有三项工程落成剪彩。第一项，是旅印尼校友黎次珊先生伉俪捐建的“八五祝如纪念楼”。黎次珊先生是一位在海外艰苦创业，事业有成的知名实业家，他胸怀报国之志，尊师重教，兴学育人，心系母校。自80年代以来，他以纪念上辈的方式为梅州多间学校捐建教学大楼，投巨资参与梅州基础设施建设，为梅州文化经济的发展做出了积极的贡献。今天为母校捐建的融中西建筑特色于一体的1 800平方米的办公大楼的落成，又一次表达了黎先生伉俪的赤子情怀。他们不仅“重教”身体力行，而且在“尊师”上也同样感人肺腑。他对母校教职工情有独钟。每逢佳节，都为教职工送上节日慰问礼金。教职工们都说："隔海千里送温暖，校友深情似海深。"第二项，是旅台湾校友淦波先生捐建"豪勉体育中心"。彭淦波先生是海外赤子情系母校最受人敬佩的典范之一。他虽然身居台湾，但时时眷恋祖国，心怀母校，自两岸交往有一丝松动后，他就第一个以台湾校友身份回母校参加七十六周年校庆。并在那次活动期间，帮助母校策划并参与指导筹建八十周年纪念四项大型建筑项目，同时他本人第一个承担体育艺术楼的工程项目，这一工程又是在梅州市范围内旅台乡贤的第一项捐建工程。此后，他又联合台湾校友乡贤捐建了电化教学楼，每年资助母校出版校刊，出版《东山丛书》，为母校设立"廖苾光美德奖学金"。多年来，淦波先生不仅自己带头为母校办实事，而且多方联络旅台乡贤宋新民、李思汉、李奠雁、熊汉萍、校友涂佛庭、杨照生等先生为母校设立奖学金、奖教金。今年是他连续第十年回母校参加校庆，并指导各项活动，这在梅州市是少有的。淦波先生为母校所做的一切都凝结着他热爱母校、热爱家乡最为感人的崇高精神。母校师生亦为之敬仰有加，同声赞颂。第三项工程，是旅印尼校友章生辉先生捐建的"雪云纪念大楼"。章先生是一位爱国爱乡的海外知名实业家，又是社会活动家，热情豪爽，乐善好施，在外商海历尽艰辛，善于拼搏，一旦事业有成，念念不忘祖国家乡母校之建设，亲自担任印尼东山中学校友分会会长，同时通过"福禄寿"社团等活动，广泛联络海外校友乡贤进行爱国爱乡活动，组织发动海外校友乡贤支持家乡建设。章生辉先生先在家乡石扇独资捐建梅北中学分校（即焕文学校），同时为母校合资兴建学校水塔、七十周年纪念大楼、校友楼。这次"雪云纪念大楼"的落成，是章生辉先生热爱桑梓、热爱母校的又一壮举。

总之，以上三项工程的落成剪彩，是海外校友为母校八十五周年校庆献上的一份厚礼，使东山中学的发展又上了一个新台阶，为东山中学教育教学的工作创设了更为优越的环境。在此，我们再一次向他们表示最崇高的敬意！

今天又一件喜事是校友为母校捐赠三部《东山丛书》。《东山中学丛书》已连续出了九部书，今天赠给母校的三部书，一部是梁松老校长专门论述东山精神形成发展过程的《东山精神》；一部是1956届校友以在东山精神鼓舞下爱校、尊师奉献为中心的反映40年人生历程的集体创作《东山情愫》；一部是旅泰校友叶蕴青先生以反映作者半个世纪不忘东山中学，并不断为母校奉献人生历程的《在赤道上溜走的青春》。以上三部书的出版，大大丰富了东山中学精神财库，充实了东中校史，是学校德育教育激励世代学生奋发向上的好教材。我们对他们为母校精神文明建设所作的重大奉献，表示最衷心的感谢！

今天，我们还要提起的是，自1996年筹集叶帅教育基金以来，不断得到海内外校友和社会各界贤达的大力支持，资助已初具规模，这种集资办学的义举，已不可胜数，并已载入校史，著史留名，这里就不再一一介绍了。

嘉宾们、校友们！祖国在前进，教育在发展。东山中学的历史又翻开了新的一页。85年来，尤其是改革开放以来，由于得到上级政府的关怀重视，社会各界的积极支持，广大华侨校友贤达的热心资助，加之全体师生的共同努力，学校面貌发生了根本的变化，但大环境仍有差距。如需按原貌重修东山书院，使有250余年历史的梅城唯一书院重放光彩；建造教学游泳池，使体育设备更趋完善；增加充实先进的教学设备等。各位嘉宾、校友们，党和政府非常重视科教兴国，江泽民同志多次阐明科教兴国的重要性。朱镕基总理把科教兴国当作是新一届政府最大的任务。时代赋予我们的任务还非常艰巨，我们将继承和发扬东山中学的光荣传统，不忘各界和海内外校友的热切祈望，为实现“一流的教师队伍、一流的环境，一流的设备，一流的管理，一流的教育教学质量”的办学目标，为培养更多更好的德智体美劳全面发展的现代化人才，更加勤奋扎实地工作，精心教学，奋发图强，为东山中学再创辉煌而共同努力！

最后祝各位领导、各位嘉宾、各位校友、老师们、同学们身体健康！万事如意！谢谢！

1998年4月1日

（选自《东中校刊》复刊第十八期）

杨昭尊校长在庆祝东山中学建校八十六周年大会上的讲话

尊敬的各位首长、嘉宾、校友、老师、同学们：

东风送暖，百花吐艳，在20世纪最后一个春天里，我们迎来了东山中学建校八十六周年的大喜日子。在此，请让我代表学校向各位首长、嘉宾，向来自海内外的校友表示最热烈的欢迎和衷心的感谢！向全体师生员工表示最亲切的节日问候！

各位嘉宾、校友们，东山中学86年经历无数风风雨雨，创造了辉煌业绩，迎来了粤东教育的春天，大大丰富发展了梅州教育和文化事业，为国家输送了栋梁之材和一批批优秀的高素质人才。东山中学的发展凝聚着各级政府、海外华侨、校友、社会贤达的心血，也凝聚着全体师生的无数汗水。尤其是改革开放20多年来，东山中学的面貌发生了很大变化，教育和教学条件得到了根本的改善，教育教学质量得到显著提高。

今天在庆祝建校八十六周年的日子里，学校喜事重重，刚才揭幕的由市供电局捐资重修的革命烈士纪念碑：她始建于1930年，记载着中国近代革命斗争为国捐躯的38位校友烈士的英名和一个个动人故事。她将永远激励东山学子发奋读书，报效祖国。

刚才奠基的“大华楼”是由大华实业公司何中华总经

理捐资60万元建造的学生宿舍大楼。何总经理兄弟在改革开放20多年中，艰辛创业，锐意进取，事业有成，不忘报效家乡。近几年来在梅县梅江区先后捐资近3 000万元用于修路、建校等公益事业。当他得知东山中学学生住宿有困难时，其兄弟当即来校视察并表示捐资兴建学生宿舍。何总经理的这些义举是热爱家乡、关心教育的崇高行动。梅州人民感谢他，东中师生衷心感谢他。

老校友彭淦波先生倡导和积极资助的《东山丛书》，今天得以出版第十三集《萧向荣诗词集》。

萧向荣将军，1910年8月生于梅县石扇一个贫困的农民家庭，五六岁起就跟随父母下田劳动，7岁时给小学教员烧茶做饭、打扫房屋，免交学费才得以上学。由于生活困难中途辍学，直至1921年他才进入石扇高小读书。1924年考入东山中学。

在东山中学读书期间，萧向荣很快受到进步思想影响，他听了东征时学长叶剑英以及周恩来、邓颖超同志在东中演讲后，受到了革命理想的巨大鼓舞，更坚定了革命志向，1926年6月在东中加入共青团，1927年转入中国共产党，开始了一个无产阶级革命家的生涯。

在任东江特委秘书长及在闽粤赣苏区工作期间，受周恩来、聂荣臻调派到罗荣桓部下任报纸编辑，后调到中国工农红军政治部任秘书长。在长征途中，萧向荣全力支持和保卫叶剑英将张国焘分裂红军的密电送到毛泽东同志手里，显示叶剑英和萧向荣两校友、战友生死与共的崇高精神。

中华人民共和国成立后，1955年萧向荣被授予中将军衔，出任中央军委副秘书长、国防部办公厅主任。他思念家乡母校，曾写诗送女儿：“珠江眼底接韩江，千里遥闻春麦香。望断梅州思何所，白云天外有家乡。”这怀念故乡的诗篇，至今仍在晚辈心头激荡。1959年春在他军务繁忙之际仍抽空回母校视察，向全校师生作了深刻的形势报告。现在萧将军虽然离开我们多年，但他的崇高品质、爱国爱乡爱校之情将永远激励我们前进！

今天出版《萧向荣诗词集》，以纪念他回母校视察四十周年，以寄托我们对萧将军的无限思念和崇敬之情。

今天，广大港台同胞、华侨、校友、社会贤达慷慨无私捐建的一座座楼房，不仅将使东中母校的教学设施向现代化大大迈进一步，为提高教学质量打下坚实的基础，而且还将和叶老帅、萧将军的伟大思想一样，像一座座高大的思想丰碑，永远矗立在东山人的心坎里，永远载入光辉灿烂的东山史册。今天，我们可以说，东山母校已经为祖国人民交上了一份充满汗水和忠诚的答卷，写下了86年来无愧于祖国和人民的历史篇章。

尊敬的嘉宾、校友们，历史在前进，教育在发展，新的世纪曙光已展现在我们眼前，在即将跨入21世纪的今天，我们将落实教育部实施的《教育振兴行动计划》，迎接全国千所示范高中的评审，以崭新的精神风貌，创造性的劳动来描写东山中学新的历史。一要继续完善和充实德育基地，以元帅、将军的光辉业绩和为国捐躯的英烈精神为德育教材，以华侨港澳台同胞、校友、社会贤达爱国爱乡关心教育的事迹为材料，对学生进行德、智、体、美、劳的全面教育。我们要继续筹备修复东山书院，拟建萧向荣将军纪念碑，按叶帅遗愿拟建一座叶菊年校长的纪念亭，按彭湃波先生提议重建东山第一亭。我们将出版《彭精一校长纪念集》和《革命烈士纪念集》，把《东山丛书》系列继续出版下去，将彭淦波学长倾注心血的《东山丛书》发扬光大，为塑造21世纪更多新型人才做出努力。二要尽快实现教学手段现代化，深入教育教学改革，把教育教学观念转移到注重培养和提高学生思维能力，运用知识能力和创造能力的基本点上来，为培养造就21世纪新型人才开创新局面。三要创设新的教育教学环境和内部管理现代化的现代文明的校园氛围。四要继续做好华侨港台校友和国内校友工作，弘扬他们爱国爱乡和热爱母校的精神。五要努力提高教职员工的生活福利待遇。尽力解决教职工的后顾之忧，把全体教职员工的积极性调动起来，为在新世纪创全国千所示范高中，为建设21世纪的新东中而努力。

祝同志们事业有成，家庭幸福。谢谢大家！

1999年4月1日

（选自《东中校刊》复刊第十九期）

杨昭尊校长在庆祝东山中学建校八十七周年大会上致词

尊敬的各位领导、各位嘉宾、各位校友、老师们、同学们：

今天是东山中学建校八十七周年的大喜日子，来自海内外的嘉宾、校友欢聚一堂，和全校师生一起共同庆祝母校的生日。在此，我代表学校全体师生员工向各位领导、嘉宾、校友表示最热烈的欢迎和衷心的感谢！

东山中学建校87年来，经历了无数风风雨雨，培育了数以万计建设祖国的优秀人才，他们为中华民族的进步，中华人民共和国的建设、发展做出了卓越的贡献，从而使学校成为粤东教育的一面旗帜，驰名海内外。

87年来，东山中学的不断发展，特别是改革开放以来，从1979年曾宪梓先生第一位在东中捐建教学楼，海外校友积极响应，特别是印尼校友纷纷捐资；1989年第一位旅台校友彭淦波先生回校参加校庆，连续十二年出钱出力，1999年内地实业家何中华先生捐资建校，使校舍基本完成了改造任务。东山中学的发展变化是市政府领导重视、是海外侨胞、海内外校友以及社会各界关心、是学校各时期的师生员工共同努力、拼搏的结果。

今天，学校举行庆典活动，共同缅怀母校走过的87年历程，同时举行了剪彩、奠基、揭幕仪式。

刚才剪彩的“大华楼”是梅州乡贤何中华总经理在去年

为我校捐建的学生宿舍大楼。为根本解决我校住宿学生的住宿问题，何中华总经理决定再捐资80万元兴建另一座学生宿舍大楼，就是刚才奠基的“中华楼”。两幢学生宿舍的建成，将解决学校近两年因扩招高中班造成宿舍不足的严重困难，为学校争上“千所示范、百所强校”提供了有力的帮助和支持，何中华先生兄弟艰苦创业，锐意进取，他们事业有成不忘报效家乡，先后在松源、梅县、梅州市捐资发展公益事业、资助教育近6 000万元。何先生的义举，深得家乡父老乡亲的赞誉和崇敬，梅州人民深深感谢他！东中师生衷心感谢他！

刚才揭幕的萧向荣玉雕像是由原广州军区司令部校友胡昭奎上校个人捐资8万元建造的，它是萧将军戎马一生、热爱祖国、情系母校光辉形象的纪实，是学校珍贵的德育教材，他将激励东中代代学子奋发向上、报效祖国。校友胡昭奎上校重视母校德育资源的开发建设、关心母校发展的情怀，深受全体师生的尊敬。

东山第一亭始建于1919年，是学生课余学习与休憩的重要场所。也是东中漫长历史的见证，无数校友对其怀有深挚的感情。去年决定重修，得梅县有识之士捐资，重修后赋予新的内容，把东中的首任校长及第一批创校人的事迹勒碑亭内，记载创校之艰辛，鞭策后人努力办好学校，同时寄托我们对母校先贤的怀念和景仰之情。

今天，彭淦波学长倡导出版的《东山丛书》又有三本新书出版，它们是：淦波学长捐资出版的《彭精一先生纪念集》；高中1958届校友毕业四十周年聚会纪念文集《悠悠学子情》；旅台校友曾联兴先生著述的《萍踪浪迹》。《东山丛书》在彭湃波学长的倡导与资助下已出版了十六卷，它是学校的重要精神财富和历史资料。

以上这些建筑的落成、奠基、揭幕以及丛书的出版，进一步改善了学校的办学条件，为学校的发展提供了宝贵的物质条件，丰富了学校的德育教材资源。我们全校师生要更加勤奋教学，给广大关心、支持我校发展的领导、校友、乡贤、梅州人民，给祖国交上一份满意的答卷。

尊敬的各位领导、嘉宾、校友们，我们在进入新千年的今天，迎来了教育发展的重要机遇。党和国家领导高度重视教育的改革和发展。我们全校师生将抓住机遇，不断深化教育教学改革，加强管理，提高办学质量；不断充实教学设备，努力实现教学现代化；争取社会各界对学校的关心支持；调动全校师生员工的积极性，"提高教育素质，培育世纪英才"，迎接新世纪，开创新业绩。

最后，祝各位领导、嘉宾、校友、师生们身体健康，家庭幸福！

谢谢！

（选自《东中校刊》复刊第二十期）

杨昭尊校长在东中八十九周年校庆大会上致词

尊敬的各位嘉宾、各位校友、老师、同学们：

东山中学89年的发展，89年的成绩，今天的声誉，跟政府各级领导的重视支持分不开，跟全体师生员工勤奋工作学习分不开，跟各届校友、侨胞乡贤的鼎力资助分不开。今天参加校庆的有来自印尼、加拿大等国和黑龙江等地的校友及连续十四次回母校参加校庆的旅台校友、80多岁的德高望重的彭淦波先生。连续十四年，淦波先生与广大校友一样为母校的建设发展出谋献策，出钱出力，爱校之心感人，这正是热爱母校、关心母校建设的众多海内外校友的一个代表，我们对所有关心母校的海内外校友致以崇高的敬意和衷心的感谢！

（选自《东中校刊》复刊第二十二期）

七七校庆纪盛

陈向华

每逢“四·一”校庆日，满园桃李荟东山。坐落在梅江之滨的梅县东山中学迎来了她七十七周年的校庆。古老的书院庭前，红棉吐艳；庄严雄伟的校门，结彩张灯；幢幢大楼，彩旗飘扬；林荫校道，松柏添翠；校园内外，一片欢腾。

上午8时，全校师生列队站在校道两旁迎候贵宾光临。排在最前面的是身穿白色制服的少先队旗鼓手，紧接着是手捧鲜花红妆绿裹的学校文艺队伍，后面是各年级的学生。夹道欢迎的队伍从校门口沿着斜坡校道摆开，一直延伸至办公楼前。

9时许，一辆辆载着校友、来宾的小汽车鱼贯驶进校门，依次停放在马蹄形球场。上级首长、校友、来宾在学校领导陪同下沿着花的长河、欢腾的人流步入会场。今天，主会场（阶梯礼堂），经过精心布置，整饰一新，贵宾如云，高朋满座，灯光明亮，楹联生辉。10时整，隆重的庆祝大会开始了。首先由温带鸿先生代表彭精一老校长宣读贺信并向大会送交彭精一老校长的亲笔贺词：百年树人，东中之光。八个大字，熠熠闪光，表达了他老人家对母校的深情厚谊。接着由朱文澎校长致词。他热烈欢迎上级首长、校友、来宾光临盛会，并表示要把东山中学办好，不负众望。然后由梅州市副市长何万真同志讲话，他勉励东中师生戒骄戒躁，创造新成绩，为培养人才多作贡献。

令人难以忘怀的是几位校友亲切至理的讲话。88高龄的老校友廖苾光教授慢声细语、娓娓而谈。他说："我离别东中50年，但东中一草一木，时时使我怀念。不管过去或现在东山中学出了不少人才。为什么东中毕业的学生才华出众？这是因为东中有宝贵的传统，那就是团结奋进，不息自强的精神。今天，东中成了全国闻名的重点中学，我希望老师要勤于探索、勇于创造，不要照本宣科、人云亦云。学生要发展创造思维能力，不只学书本上的知识，还要广泛涉猎课外的知识，不要仰人鼻息，步人后尘，要有独立见解。只有大胆创造，不断求新，才能跻身先进行列。"他的谆谆教诲，师生深受教益。会上，彭淦波校友饶有风趣地讲了"两个生死佬"的故事，并以这故事说明有钱会用钱的人，才是聪明人的道理。他说："曾宪梓先生有钱又会用钱，是聪明中最聪明的人。所以，我要向他学习。"曾宪梓先生笑容满面地说："谢谢淦波先生夸奖。我也是没有钱的人。我心中常常在想，我能够有今日，全靠母校对我的栽培。今天我为家乡教育事业出点力，也是饮水思源嘛！我要借此机会向在座学生提点希望。我在母校念书时，上课十分认真、专心。老师讲的知识，基本上在课堂消化、理解，课后稍加复习、牢牢记住。我把课余时间用于体育活动，我是学校篮球队队员，常打球，锻炼身体，走向社会，从事工作，全靠健全的体魄及丰富的知识。所以希望你们上课要认真、专心，下课要轻松、活泼。"一席肺腑之言，感人至深。

人们还在回味校友含义深刻的谈话，20位男女少先队员走到台前，他们代表全校学生向校友题词，学生热情洋溢的话语，句句铭刻在校友心中。紧接着学校文艺队为校友、来宾表演了精彩节目。12时整，全体到会嘉宾参加“贤士体艺楼”的奠基仪式，至此大会达到高潮。奠基结束，学校领导陪同校友、来宾前往华侨大厦共进午宴。下午在客都宾馆召开校友座谈会，商讨学校发展事宜，同时在马蹄形球场举行足球邀请赛。晚上举行电影会。1990年的校庆盛会圆满结束了，它给人们留下了美好的回忆。

（选自《东中校刊》复刊第九期）

七八校庆纪实

陈向华

荡荡春风今又是，状元桥畔木棉红。今天是东山中学建校七十八周年校庆暨贤士体艺楼落成剪彩、宪梓大礼堂奠基的大喜日子。人逢喜事精神爽，三喜临门给今天的庆典活动增添了欢乐气氛。

原定上午9时举行庆祝大会，因香港校友刘锦庆先生、黄丽群女士及嘉宾何冬青先生所乘航班于4月1日中午才能抵达，故将大会时间改为下午2时半举行。

是日晌午，风和日丽，春光融融，欢声笑语，洋溢校园。下午2时，鼓乐喧天，鞭炮轰响。从校门至主会场校道两旁站满手执鲜花、身穿盛装的少先队员、文艺队员及全体师生，他们鼓掌欢呼，将一批批参加庆典活动的首长、嘉宾、校友迎进会场。

2时40分，金狮起舞，鞭炮齐鸣。梅州市领导李国泰、陈玉娇、罗传厚同志及校友黄丽群女士、刘锦庆先生、彭淦波先生等参加了宪梓大礼堂奠基典礼。由曾宪梓先生慷慨捐资一百万元人民币为母校兴建容纳1 200多人的集开会、体育、文艺演出于一身的多功能大礼堂，将进一步优化我校育人环境，为培养新型人才创造良好的条件。

3时整，旅台校友彭淦波先生捐资30多万港元兴建的“贤士体艺楼”落成剪彩仪式开始了。这是彭淦波先生献给母校七八寿辰的厚礼。梅州市领导李国泰、何英强、陈玉娇等陪同彭淦波先生及嘉宾、校友100多人，参观了造型别致、美观堂皇的贤士楼。当人群徐徐步入一楼大厅时，彭淦波先生神采奕奕、笑容可掬地向来宾介绍彭精一老校长为“贤士楼”撰写的碑记。贵宾们兴致勃勃地参观了第一楼“豪勉馆”（含羽毛球、吊环、双单杠训练室）；第二楼“淦波馆”（含音乐室、美术及学生习作展览室）；第三楼“素沁馆”（含乒乓球室、教工俱乐部、舞厅）。每上一层楼，淦波先生即示意随行人员及时拍摄各层楼前大理石镶刻的馆名及馆内设施。淦波先生与廖苾光老师携手交谈，频频合影。其尊师爱校之情，尽溢言表。电化楼阶梯课室作为主会场，经过一番整饰，面貌一新，彩灯明亮、楹联增辉，校友贵宾，欢聚一堂。

4时整，张其标副校长宣布庆祝大会开始。顿时，礼炮、鼓乐之声响彻校园。温绍权校长致辞。他首先代表学校向一贯关心、支持东山中学的各级领导、社会贤达、校友表示衷心感谢。最后表示要把东山中学办成有优良校风、优良学风、优美环境、高质量、第一流的重点中学，为培养四有人才多作贡献。

在一阵阵的热烈掌声中黄丽群女士代表曾宪梓先生向东山中学送“宪梓大礼堂”捐款书；彭淦波先生向东山中学送“贤士楼”使用书。温绍权校长代表母校接受了上述的捐款书和使用书。

市委副书记李国泰同志讲话。他说：“东山中学能有今天的规模与校友鼎力支持分不开。‘贤士楼’的落成，说明东山中学每一次的成绩都凝聚着校友的热情和心血。曾宪梓先生独资捐建大礼堂这一义举，再次博得全社会的赞扬和好评。”他勉励东中师生要不断取得新成绩，答报校友的深情，为梅州教育事业做出更大贡献。

彭淦波先生热情洋溢地走上讲台，他深有感触地说：“做人不能忘本，不能忘记家乡，不能忘记母校、老师……”他连续三年回国，捐资办学，充分表达其爱校、爱乡、爱国之心。

刘锦庆先生谈笑风生地讲了“张九龄太公发财”及“叶伯母养鸡”的故事，幽默诙谐，给人启迪。

5时30分表演文艺节目。青年教师引吭高歌，“中国、中国、鲜红的太阳永不落”的歌声，振奋人心。山歌手汤明哲、肖建兰即席说唱：“东中校友爱东中，母校时刻挂心胸，慷慨捐资千千万，建起楼房一幢幢，培育人才立新功。”乡音缭绕，耐人回味。

6时，举行晚宴，来宾校友聚会于华侨大厦，席间畅谈建设母校的发展规划。

7时30分在学校马蹄形球场举行电影晚会，2日在公路大厦会议室举行校友座谈会。（情况另文报道）

（选自《东中校刊》复刊第十期）

彭湓波先生与学校领导、教师座谈会纪要

丘德帆

我校庆祝建校八十周年筹委会第二次会议于1992年4月1日下午在客都宾馆七楼会议室举行。专程从台湾归来的老校友彭湓波先生、温带鸿先生，广州校友代表叶导欣、叶国模及在梅委员及学校行政领导共30余人出席或列席了会议。

会议首先由温校长汇报了筹委会第一次会议后的工作进展情况，然后各位委员充分发表了自己的意见，特别是彭湓波校友，代表台湾校友对校庆活动安排提出了详尽的建议，对彭精一老校长回校参加校庆作出了周密的安排。经广泛讨论，与会同志就八十周年校庆的准备工作，统一了看法，作出了较为周密的部署，讨论问题如下：

一、基建工程问题

1. 宪梓大礼堂、校友楼、电教楼明年3月1日前竣工，4月1日校庆举行剪彩。

2. 两栋教工套房共20套，暑假应交付使用。

3. 今年要建成新卫生设施，计有大球场侧的厕所和接待室的卫生间。

4. 校门口要建石砌河堤200米，今年先完成50米。

5. 广州校友捐建校道栏杆，要抓紧落实、完成。

二、书刊出版问题

1. 学校计划由“广东教育出版社”出版本校优秀教育教学论文集，定名为《教海拾贝》。

2. 筹划出版或重印《三友集》《风雨东山》、彭精一老校长《期颐集》等。

3. 筹拍介绍学校情况的录像片。

4. 在新建校友楼筹办东中校史展览。

三、其他问题

1. 年届100高龄的老校长彭精一回校参加校庆的准备工作事宜。

2. 80岁以上老校友回校参加校庆、祝寿的问题。

3. 学校的绿化、电教问题，教学设备与质量的现代化问题，十年规划问题等。

在此次会议上，与会同志一致肯定并高度赞扬了校友彭淦波先生对母校建设尽心尽力、亲力亲为的可贵精神。

最后，温校长代表学校行政领导表示，决心按此次会议的部署，带领全校师生，克服困难，把各项工作做好，特别是要把校庆准备工作做好，争取做到万无一失，使庆祝活动隆重热烈，圆满成功。

（选自《东中校刊》复刊第十一期）

明媚春光日又是撷芳时

——东山中学“七九”校庆小记

陈向华

校园迎春绿，书院木棉红。在这春光明媚、满园花开的季节，我校全体师生与上级首长、贵宾及国内外校友两千多人欢聚在马蹄形球场，热烈庆祝东山中学建校七十九周年暨旅台校友集资捐建电化教学楼奠基。今天，天气转晴，天公作美，温暖的阳光平添节日的欢乐气氛。八时整，校园内外欢声雷动，鼓乐齐鸣，首长、来宾、校友们在师生热烈的掌声中，徐步进入会场。今天大会的主会场设在叶帅铜像后面宽阔的篮球场上，三十周年纪念楼前搭起庄重、简朴的主席台。台前写着“爱我中华、爱我东中”八个醒目的大字，标志着这次庆祝大会的主题。

9时整，由上级领导陈玉娇同志、罗传厚同志及学校正副校长陪同贵宾及旅台校友代表彭湃波先生、温带鸿先生及广州校友代表叶导欣先生等参加旅台校友集资捐建的电化教学楼奠基仪式。它的建成将大大改善我校教学设备，为提高教学质量提供必要的条件。

9时半，庆祝大会正式开始。大会由张其标副校长主持，由蓝世钊副校长宣读台湾校友、香港黄华校友、北京校友贺电，然后由温绍权校长致词。他代表学校对前来参加盛会的首长、来宾、校友表示热烈欢迎，他说：“东山中学今后要继续保持培养人才的优势，除了继续发扬优良的校风、学风之外，还必须具备先进的教学设备和现代化教学手段。今天旅台校友又给母校‘七九’生日献上一份厚礼，为母校争取优良的教学质量奠定了坚实的物质基础。让我代表全体师生，向热心资助母校建设的旅台校友彭淦波先生表示衷心感谢，并通过淦波先生转达母校对台湾校友们的感谢和问候。”

接着由广州地区校友代表叶导欣先生代表广州校友分会，向母校赠送一份珍贵礼物——《东山中学革命史》一书。温绍权校长代表学校接受这份厚礼。此书发给师生人手一册。它是我校进行革命传统教育的好教材。

市教育局局长罗传厚同志讲话：他向前来参加东山中学“七九”校庆的校友、来宾致谢，向师生表示亲切慰问。勉励教师要为祖国培育人才多作贡献，鼓励同学们要立志成才，成为勇挑“四化”建设重担的一代新人。

在一阵热烈的掌声中，彭淦波先生满怀喜悦走上讲台，他以“爱我中华、爱我东中”为题，作了半小时热情洋溢的讲话。他说：“有人认为外国的月亮圆而且亮，我却不以为然，我并不愿意到外国去居住，中国山川秀丽，看完也要几年。中国的风景是世界最美的。有些青年出国求学，研究先进科技是好事，但学成之后留在外国不回来，我可不赞成。我希望中华健儿要为祖国的强大做出贡献。我爱祖国，热爱东中，希望母校年年有进步，每位同学毕业后都有所作为。”他的讲话，从始至终，充满爱国、爱乡、爱校之情，博得师生、来宾阵阵掌声。

正当庆祝大会进入高潮之际，台湾教育旅游团一行10人，前来我校参观，随邀参加大会。学校请该团温团长讲话。他说："东山中学是优秀的学校，是叶剑英元帅的母校，在海外享有很高声誉。让两岸的教育工作者，携手团结，为祖国多培养杰出的人才。愿东山中学事业发达，校运长存。"台胞良好的祝愿，给师生留下深刻的印象。

（选自《东中校刊》复刊第十一期）

我校建校七九周年庆典隆重举行

张其标

4月1日为我校七十九周年校庆日，是日上午9时许，全校师生齐集马蹄形球场举行庆祝大会，并举行旅台湾校友集资捐建的“电化教学楼”奠基仪式。参加大会的有梅州市政协副主席陈玉娇同志，梅州市教育局局长罗传厚同志，旅穗校友廖江添、叶导欣、叶国模同志，旅台湾校友彭淦波、温带鸿先生等海内外嘉宾100多人。

会上，温绍权校长致词，对前来参加庆典的各地校友，对旅台湾校友热心捐建“电化教学楼”的爱校行动表示热烈欢迎和由衷感谢。罗传厚局长代表上级领导作了讲话，语多勉励，亲切感人，彭淦波校友在暴风雨般的掌声中作了为题“爱我中华、爱我东中”的长篇演说，他列举了祖国众多的优美山川名胜、科技经济迅速发展的动人事例，满怀激情地勉励师生要热爱祖国、热爱家乡，要发扬拼搏奋斗的东山精神，学好本领为祖国四化建设服务。其陈词激越，爱心洋溢，博得全场掌声，使庆祝大会迭现高潮。大会结束后，在客都宾馆举行午宴，宾主频频举杯共祝母校年年桃李、岁岁芬芳。

（选自《东中校刊》复刊第十一期）

八秩红花分外娇

——校庆小记

张其标

岭南四月，日丽风和，绿柳含烟，红棉吐艳。2 000多名师生，迎来了自己光辉的节日——建校八十周年！

从1913年4月1日创立到现在的广东省重点——梅县东山中学，已经走过了整整八十年的光辉历程。而今，她又将步入更加改革开放的年代，继续谱写自己浓墨重彩的历史篇章。

这一天，校园红旗招展，春意盎然。重新装修粉饰过的大校门，溢彩流光；校门两侧楹柱上贴着“胜客贲临，锦盖华冠光八秩；丛书献敬，落成剪彩庆三楼”的巨幅长联，赫然而夺目。校园中央上空，三颗红色大氢气球，悬系着“热烈庆祝东山中学建校八十周年”“热烈欢迎海内外校友、嘉宾”“发扬光荣传统，振奋攻关精神”的大幅标语，猎猎飘扬；五光十色的大红宫灯、花带、彩旗把新落成的“宪梓大礼堂”“校友楼”“电教楼”点缀得炳炳烺烺，灿若披锦。整个校园笑语喧腾，歌声阵阵，充盈着朝晖，洋溢着理想，呈现出一片前所未有的欢乐景象。

早晨，明丽的春阳把新启用的“宪梓大礼堂”照耀得金碧辉煌，舞台天幕上的红棉校徽熠熠生辉，让人羡煞！穿着节日盛装的师生们，心潮激荡，满面春风地迎候着来自全球五大洲的学者、专家、耆宿、俊彦。上午9时半，乐队高奏迎宾曲，刚参加过剪彩的嘉宾鱼贯进场。走在最前面的是市委市政府领导同志，接着是如春燕般的校友队伍，红、白、黛、绿，翩翩而来。他们是：来自台湾的彭精一老校长和彭淦波、温带鸿、王梅华、徐流、李思汉；来自印尼的饶占广、黎次珊、章生辉、李昆章、吴耀淼、吴迪仁、饶海伟、吴荣盛、潘国亮；来自泰国的叶蕴青、卢作梅、彭景文；来自马来西亚的熊应源；来自新加坡的赖德操；来自巴拿马的黄源兴；来自毛里求斯的袁志坚；来自香港的刘锦庆、张裕昌、叶国植、张玉瑟、余利娇、熊雨昌以及来自内地北京的丘克辉、何锡全、邓频喜、杨国昌；上海的李志乔、沙汉昆、廖景新、张开发；武汉的张城生；广州的廖伟、何明、李国瑶、廖苾光、孙雄曾、张明生、林汝瑞、曾汉民、罗活活、吴家华、丘立才、吴鸿光、凌宏城、邹增达；深圳的谢杰珍；韶关的钟木元、蓝万隆；肇庆的罗钦贤、李灵芳；佛山的叶展荣、张淦生；湛江的罗开、蓝绿青和梅州市各县区的校友代表等共九百多人，新中国成立以来历任正副校长梁松、郑晓风、刘解珍、李甦仁、罗传厚、朱文澎等也高兴地专程前来参加大会。他们中有的鬓发斑白、步履蹒跚，有的风华正茂、风流倜傥，一个个青春作伴、衣锦荣旋。他们像游子扑入慈母的怀抱，显得年轻活泼，又跳又笑起来。他们惊喜地端详着巨变了的校园，追忆着天真幼稚的学生时代，缕缕情思，在心海滚滚翻腾：谁能沉淀过去艰苦岁月的苦辣酸甜？谁能忘记慈母万般爱抚的舐犊之恩？魂牵梦绕的母校啊，你是我们心中灿烂的星辰，愿你芳华永驻，校誉日蒸！

10时整，庆祝大会在雄壮的校歌声中开始。温绍权校长首先致词，他代表母校向来自世界各地的校友嘉宾表示热烈的欢迎。市委市政府致了贺词，市教育局罗传厚校友宣读了国家教委的贺电，杨昭尊副校长宣读了各地校友分会、各兄弟单位和校友的贺信贺电。接着由台湾专程回来、年满一百周岁的彭精一老校长讲话。他回顾了东中创建初期的艰难历史后，很动感情地说："离开母校已经50多年了，今天能在垂暮之年回来和大家见面，感到万分荣幸！返校之前，早就听说母校变化很大，回来之后，深感看到的比听到的更美、更好、更完全。母校前程似锦，谢谢大家关心。"话未说完，全场立即响起了雷鸣般的掌声，镁光闪烁，人头攒涌，大家都以能一睹百岁老人的风姿为荣。彭老于1923—1927年在东中连任五年校长。在校期间、励精图治、从严办学，为母校的发展夙兴夜寐，卓著勋劳。缅怀他为母校解封复办而奔走呼号于海内外的往事，心里不禁为之肃然起敬。而今，人生不满他已满，世事难明他独明，在饱经一个世纪奇特历史的风霜洗礼后，犹壮心未已，雄飞海峡，毅返家邦，沐熏风于校园，叙乡情于梓里，挥彩笔赋《期颐》[①]，语谆谆昭慈爱，充分表达了一个炎黄赤子浓烈的眷恋生身母土的一往情深，从而赢得了广大师生、校友由衷的尊崇和爱戴。彭老校长百岁归宁，这是母校史册上最闪光的一页，也是东山精神、东中凝聚力向心力非凡的表现。衷心祝愿他老人家晚年幸福、健康长寿，再活一百年！正当人们沉浸在一片思亲念旧的欢愉时刻，黎次珊校友一个箭步走上讲台，满怀激情地告诉大家："印尼校友李昆章先生愿意为母校捐建一座大型项目（会

---

① 指《期颐小集》，为彭老校长返校前专著。集中盛载梅州胜迹，桑梓情浓郁。

后商定为造价100多万元的生化教学楼），现在请李昆章校友夫妇上台和大家见面。”这一突发的喜讯像颗重磅炸弹在人们的心头炸开了，顿时，庆祝大会高潮再起，掌声、欢呼声、照相机的“咔嚓”声汇成一片，组成了一曲别开生面的交响乐，束束光柱跟随着李昆章校友伉俪上了讲台。李校友说：“我是解放前从母校毕业出来的老学生，没有母校的培育，就没有我今天事业的发展。我早就想为母校表示一点爱心。今天，在盛大庆典的感召下，我的激情更难自抑。这小小薄礼，就算是我对母校八十大寿的一点奉献。祝母校万古长青。”说得多好啊！声声母校，句句倾情，奉献真诚，感人心魄。正是：梅江河水深千尺，未若李君爱校情！接着，中国金利来（远东）有限公司董事局主席曾宪梓校友的全权代表罗活活校友、印尼饶占广校友、广州曾汉民校友、学生代表刘媛秋同学相继致贺词。他们在讲话中热情赞颂母校的光荣传统和改革开放以来所取得的辉煌业绩，言简意深，亲情脉脉。他们的讲话，屡屡为热烈的掌声所打断。

大会结束后，日上中天。校友来宾们冒着热辣的骄阳，齐集在礼堂门口宽阔的台阶上，留下了珍贵的“满堂春”集体照，然后进入礼堂内厅参加午宴，盛况空前。

下午，校友三五结伴，漫步校园。伫观桥畔红棉，逶迤幽曲花径，追踪当年风雨书斋，瞩目眼前成排楼宇，心潮澎湃，流连忘返。有的前往彭老校长下榻的新校友楼叩礼瞻仰，祝福问安；有的站在叶剑英元帅的铜像前，正襟肃立，拍照留念。

入夜，皓魄东升，清光如水。校园内彩灯如万点繁星，显得热烈而温柔；礼堂里正在拉开帷幕的洋溢着温馨祥和气氛的祝寿晚会，令人心醉。十位与母校同龄（有的在八旬以上）的老寿星，脸泛红光，神采奕奕，在少先队员的导引下，款款登台，在“周水千龄秀，东山万古青”的镏金寿联前，频频接受师生们的衷心祝福。“祝你生日快乐”的乐曲在校园夜空久久回荡……是啊！谁沐浴过东山旭日的光辉，谁濯足过碧波轻漾的周溪清流，谁都会感到母校春晖浩荡，恩重如山，谁都会觉得有股情结难分难解，并愿为之赴汤蹈火，荣辱与共。你看，一群90年代的弄潮儿，不正在簇拥着母校这艘航船，不理会任何礁滩雾霭，乘风破浪，飞速驶往21世纪的科教海洋彼岸吗？一朵朵灿烂的红棉，不正在散发着沁人的芳馨，显示着雄姿英发，在婆娑起舞，摇枝致意吗？

亲爱的母校，祝你青春常在，一帆风顺，学海峥嵘！

（选自《东中校刊》复刊第十二期）

红棉年年秀　东山岁岁春

——东山中学八十周年校庆纪盛

陈向华

今天，我校全体师生与上级首长、贵宾及海内外校友两千多人隆重集会，热烈庆祝建校八十周年暨宪梓大礼堂、校友楼、电教楼落成剪彩校门重修揭幕典礼。旅台老校友、年届百岁高龄的彭精一老校长，专程从台湾回来参加庆典活动，给今天的盛会增添了欢乐愉快的气氛。年年岁岁花相似，今年花胜去年红。4月1日早晨，天气晴朗，春风习习，校园内外一片欢腾。吃过早饭，一群群穿红缀绿的学生手执鲜花，挥动彩带到指定地点列队，迎候嘉宾。8时整，鞭炮轰响，鼓乐齐鸣，一辆辆小车鱼贯驶入校园，首长、嘉宾、校友在学校领导陪同下，穿过夹道欢迎的师生队伍，沿着斜坡校道徐步来到七十周年纪念楼前签到，留下芳名。一群热情好客的少先队员，给贵宾别上“嘉宾证”，并请贵宾们进入会议休息室。9时整，市委市政府领导涂麟清、何万真，旅台校友彭精一、彭淦波，旅印尼校友饶占广，旅港校友刘锦庆，市教育局局长罗传厚，东山中学校长温绍权等同志分别参加八十周年系列工程落成剪彩仪式。

年年春来，年年花开。9时10分，由彭淦波先生发起、由旅台校友集资捐建的电化教学楼剪彩仪式开始了。彭淦波先生兴致勃勃亲自安排参加剪彩人员。张会玲老师带着10位手捧彩带的学生来到电教楼前，彭湃波先生风趣地对张老师说："有你在场指挥，我就放心了。"引得大家哈哈大笑。9时20分，举行校门重修揭幕仪式。旅港校友黄华先生捐资18万元人民币将校门整饰一新。大理石墙面，流光溢彩，使节日增辉。9时30分，欢快的人群转移到校友楼前。这座造型新颖、装潢美观的东山中学校友楼，是由印尼侨领饶占广先生发动印尼校友集资50万元人民币兴建的。望着四层漂亮的建筑，校友满意地说："50万元，建成这座楼，十分抵得（值得）。"饶占广先生说："我可以向印尼校友交代了。"9时40分，宪梓大礼堂进行剪彩，曾宪梓先生继"宪梓教学楼""宪梓图书馆"之后，今天又独资捐建"宪梓大礼堂"，这一义举，博得师生高度赞扬。礼堂建筑富丽堂皇，楼高四十米，雄伟壮观。"宪梓大礼堂"五个镏金大字熠熠闪光。礼堂周围彩旗飘扬，鲜艳夺目。四十八级大理石台阶，显出非凡气派。台阶两旁逐级摆放着怒放的鲜花。八十周年庆典大会就在这新建的礼堂内举行。

10时10分，上级首长、海内外嘉宾、校友相继进入会场，大礼堂内灯光明亮，楹联生辉，鲜花彩旗，交相辉映，整个礼堂异彩纷呈。1 000多位来宾、180多位校友欢聚一堂，置身于欢乐、美好的气氛中。10时30分，鼓乐队奏响了《东中校歌》，大会主持人张其标副校长宣布庆典大会开始。并介绍参加盛会的上级首长及海内外知名人士。接着由温绍权校长讲话。他首先代表全校师生向专程前来参加盛会的首长、嘉宾、校友表示热烈的欢迎和衷心感谢。最后他表示要在十四大精神鼓舞下，以《中国教育改革和发展纲要》为指针，继续努力、调动师生勤教勤学积极性，跟上改革新形势，为把东山中学办成高质量、有特色、第一流、能迎接跨世纪挑战的重点中学而努力。紧接着市教育局局长罗传厚宣读国家教委发来的贺电。贺电写道："衷心祝愿东山中学在国家教育方针指引下，坚持改革，为人文秀区梅州的腾飞，为培养社会主义新一代做出更大贡献。"贺电给与会者极大鼓励。在热烈掌声中市委书记讲话。他代表市委、市政府对东山中学师生表示热烈祝贺和亲切慰问，向一贯关心东山中学建设的海内外校友表示崇高敬意和衷心感谢，并希望东中师生发扬光荣传统，通过辛勤的劳动和刻苦学习，为发展梅州教育事业多作贡献。

当主持人宣布请彭精一老校长讲话时，全场响起经久不息的掌声。彭老校长精神矍铄，声音洪亮。他说：今天回来参加校庆十分欢喜。他激动地回忆当年主持东中工作的情况。鼓励大家要发扬东山精神，办好学校。最后，他恭祝大家生活愉快。接着由罗活活女士宣读曾宪梓先生的贺信。贺信中说："捐建大礼堂是我对母校的敬意和心意。"信中还给大会写了"辛勤八十载，桃李满天下"的贺联，并祝大会圆满成功。印尼侨领饶占广先生讲话时说："80年弹指一挥间，母校为祖国造就大批栋梁之材，这是母校的光荣和骄傲。我们旅居海外的校友，对母校就像对母亲一样，母校培养我们成才，我们不忘母校教诲之恩，希望母校成为高质量现代化的学校，祝东山精神，永放光芒。"印尼校友黎次珊先生说："今天母校举行八十大庆，我在这里与诸位分享快乐。让我转告大家一个好消息，李昆章夫妇要为母校捐建一个大项目。"在暴风雨般的掌声中，李昆章夫妇登台向大家致意，李昆章先生说："为了报答母校对我的培育，我响应温绍权校长提出的发展母校建设的倡议，我决定捐建一个大型项目。”李先生话音未落，全场报以热烈的掌声。国内校友代表、中山大学校长曾汉民先生说：“我代表国内东中儿女，向母校八十大寿祝贺。八十年来东中形成了自己的校风和学风。学子满五洲，年年为各大专院校输送大批优秀人才。祝愿母校在十四大精神鼓舞下，为伟大祖国培育英才做出更大贡献。并希望更多的东中学生，争取考到中大来。”坐在二楼的高中学生以热烈掌声表示响应。大会接近尾声，学生代表刘媛秋说：“我们继承和发扬东山精神，为母校的今天和美好的明天而努力学习，不辜负老一辈校友对我们的期望。”最后张其标副校长致词。他说：“我们铭记了八十年不平凡的峥嵘岁月，迎来了更加光辉灿烂的美好的明天。在党的十四大精神鼓舞下，在改革开放大潮中，我们要发扬光荣传统，振奋攻关精神，乘着有为的年华，抓紧有利时机，去创造无愧于时代的业绩。为使母校在八五计划期间登上教育新台阶做出应有的贡献！”庆典大会在张校长热情洋溢的话音中顺利结束。

12时20分全体来宾在宪梓大礼堂前留影。12时30分进行午宴。下午举行东山杯足球表演赛。晚上7时在大礼堂举行别开生面的祝寿、联欢晚会。至此，规模盛大、盛况空前的庆典活动圆满结束了。来宾、校友及全校师生共同度过了欢乐美好的一天。

1993年4月1日

（选自《东中校刊》复刊第十二期）

昔日同栽木棉树　今朝共建新校园

陈向华

草长莺飞四月天，状元桥畔舞翩跹。今天，东山中学悬灯结彩，一展新容，校园内外洋溢着节日的气氛。全校师生与上级领导、海内外嘉宾、校友共2 000多人隆重集会，热烈庆祝建校八十一周年暨“李昆章科学楼”落成剪彩典礼。

9时40分，八个金狮起舞，阵阵礼炮齐鸣，“李昆章科学楼”剪彩仪式开始了。这座楼高六层，建筑面积2 300平方米，含有物理、化学、生物共16间宽敞实验室的科学楼，是印尼校友李昆章先生献给母校81大寿的厚礼。它的建成为母校进一步完善现代化教学设施做出了重大贡献。李昆章先生慷慨捐资，资助母校建设的义举，赢得全校师生高度赞扬。

剪彩仪式结束后，来宾们集中到宪梓大礼堂参加庆祝典礼，张其标副校长主持了庆祝大会并介绍了前来参加盛会的嘉宾。他们中有梅州市市长谢强华、副市长何万真、市人大常委会副主任谢洪欣、市政府办公室主任巫礼仁及旅印尼校友李昆章先生伉俪、饶占广校友、黎次珊校友伉俪、章生辉校友、吴耀淼校友及旅台彭淦波校友等，还有北京、上海、武汉、广州、深圳、梅州市等地的嘉宾、校友共300多人。10时整，礼炮轰鸣，鼓乐喧天，庆典大会正式开始。首先由少先队员朗读校庆献词。学生们的琅琅颂词，激越动听，表达了少年一代继承和发扬东山精神的决心，抒发了他们对海内外校友的崇敬和感激之情。随后由温绍权校长讲话，他首先代表全校师生向所有为东山中学的发展做出贡献的海内外嘉宾、校友、乡贤表示崇高的敬意，并对李昆章先生热心捐建科学楼表示衷心感谢。他表示：今天的东中，有宽敞的教学大楼、图书馆、电教楼，有较完善的实验大楼和较先进的电教设备，并以良好的教学质量与突出的办学成绩跻身省一级学校之列，这一切除了上级领导关怀帮助外，还渗透着海内外校友对母校的片片深情。他强调，大家一定要继续努力，发扬东山精神，充分调动师生勤教勤学的积极性，跟上教育改革新形势，为四化建设培育更多优秀、合格的人才，不辜负上级领导及海内外校友的厚望。接着由何万真副市长讲话，他代表市委、市政府向东中师生表示节日的祝贺，向乐捐巨资、建设母校的李昆章先生表示崇高敬意，向专程前来参加庆典的海内外嘉宾、校友表示热烈欢迎。他说："东山中学建校81年来，为祖国培育人才做出了可贵的贡献，今天能有这样的规模和成绩与校友们的全力支持是分不开的。希望东中师生继续发扬成绩、不断攀登新的高峰，为培育人才做出更大贡献。"

在热烈的掌声中，李昆章先生伉俪走上讲台将"李昆章科学楼"捐献书递交给温绍权校长。接着由温校长代表学校向李昆章校友伉俪赠送纪念品。李昆章先生高兴地接过话筒说："今天我高兴地看到母校的发展、看到了'科学楼'落成，我几十年的愿望终于实现了。多少年来，我常常想，母校辛辛苦苦栽培我们，我们应该怎样回报。1993年我回来参加母校八十大寿，我就决心要为母校捐建一个项目，今天'科学楼'建成，实现了我的心愿，我十分高兴。希望母校师生把'东山精神'继续发扬光大，培养更多祖国栋梁之材。我希望明年、后年又有更多更大的工程落成（掌声），我们大家再次回来参加庆典（掌声）。”李昆章先生热情洋溢的讲话，博得全场阵阵掌声。接着章生辉校友讲话。他说：“我们一行是从印尼专程回来参加母校八十一周年校庆暨‘李昆章科学楼’落成剪彩活动的。李昆章先生少怀大志，奋发上进，高扬爱乡爱校热情，当他事业有成时，就不忘报答母校恩情，现在已初步实现了心愿。刚才温校长提到了母校建设的十年规划。第一步八十周年系列项目已经完成。第二步的计划是科学楼、运动场、教学指挥中心……这第二步计划之火炬已由李昆章先生率先点燃，现在已有一批校友、侨贤准备接过李昆章先生点燃的火炬引灶待发，希望港、澳、台及海外诸校友们迈开步伐紧紧跟上，为实现第二期计划而尽力……（掌声）”接着，黎次珊校友满怀热情登上讲台。他说：“去年校庆喜事重重，今年校庆热热闹闹。这是因为我们都有一个共同的心愿：昔日同栽木棉树，今朝共建新校园。兴学爱校，垂范后人，是我们的责任。我在母校求学时期是我一生最难忘的日子，母校对我影响之深是难以言喻的。值此共商母校十年大计之际，我要做一件自己力所能及的事，以报答母校对我的栽培……（掌声）”他的讲话字字句句，都出自肺腑，充分表达了他对母校的深情厚谊。紧接着由彭淦波校友颁发“廖苾光美德奖学金”。颁奖完毕，他高兴地说了他的三个愿望：“第一愿望是为母校八十周年大庆筹建的系列项目已经全部实现。第二愿望是从1988年起已经连续六次回母校参加校庆，希望今后每年都回来参加校庆。第三愿望是等到母校九十周年大庆时能顺利完成温校长提出的十年计划，希望在座校友都回来参加庆典，并发动更多校友回来参加。”彭校友的热情讲话，博得全场热烈掌声。

庆典热潮一浪高过一浪，人们沉浸在无比兴奋的欢乐中。接近尾声时，大会主持人张其标副校长作了结束讲话，他说：“81年前，当神州大地地平线上出现微微一线曙光的时候，东山中学即在东山书院的基础上建立起来，它是在斗争中诞生的，是与中国革命同步发展、同步前进的。虽然几经风雨摧残，但它始终屹立于东山之巅，枕流于周溪梅水的激抗中长生不息，长盛不衰，今天已经发展壮大成为啸傲于广东学海之林的一间省重点中学了。缅怀过去，前瞻未来，我们深感形势逼人，任重道远。作为东山人，我们应该继续发扬光荣传统，振奋东山精神，在党的十四大春风吹拂下，迎着改革大潮，剪波而上，去创造新的业绩。今天的辉煌只能属于历史，明日的辉煌要靠我们去创造。红日出东山，东山更好看！祝愿母校有无数新红竞发，在广袤的祖国大地上永远辉煌灿烂！”张副校长激越动情的话音使大会高潮再起，掌声经久不息。

会后，学校文艺队作了精彩表演，广州艺术师范学校的谢新萍校友演唱了新潮歌曲，黎次珊、章生辉校友合唱了“东山校歌”，肖慧丹同学表演了钢琴独奏，最后黎次珊校友声情并茂的一曲《爱的奉献》成了压轴节目而倾倒全场。演出结束，校友嘉宾鱼贯进入新膳堂参加午宴，宾主频频举杯，共祝母校繁荣昌盛。宴会直至午后一时半才尽欢而散。

（选自《东中校刊》复刊第十四期）

又是花红果熟时

——东山中学八二校庆纪实

陈向华

春日融融，暖意盈怀。4月1日的早晨，校园红装绿裹，一展新姿。8时许响彻学校上空的鼓乐声拉开了东山中学八十二周年校庆的帷幕。一群天真活泼的少先队员手捧鲜花，与身穿节日盛装的师生在校门两边列阵迎候嘉宾。来自台湾、香港等地的校友、来宾共100多人，先后由学校领导陪同，穿过夹道欢迎的人群，汇集校园。

9时整，四个校友代表团（1940届校友代表团、广州校友会代表团、1955届校友代表团、1979届校友代表团）的成员，高擎彩旗、敲锣打鼓、昂首阔步、喜气洋洋步入主会场。全校师生以热烈掌声表示欢迎。四海赤子汇东山，八二盛会喜空前。

9时20分，随着震撼校园的礼炮声响起，庆祝会开始了。首先由温绍权校长致词。他代表全校师生向前来参加盛会的校友来宾表示热烈欢迎，感谢海内外校友、社会贤达一贯对东中的关心和支持。并高度赞扬彭淦波先生从1989年以来连续七次专程回母校参加校庆及为改善母校办学条件所做出的一系列的重大贡献。最后温校长表示一定要按高标准、高层次、高目标把东中办好，为进入全国千所示范高中的行列创造优良的条件。

接着由1955届代表彭增寿校友讲话。他感谢母校的栽培，感谢老师的教诲。他说："从东中出去的学生，个个自爱、自强、自立。人离母校，情系东山，时时怀念，师恩难忘。"他发自肺腑之言，表现了他对母校炽热的感情。随后由1979届代表张建洋校友讲话。他说："首先感谢付出心血和汗水的老师，祝老师们节日愉快，身体健康。"他还说："我虽然离开母校16年，但时时刻刻仍感受到母校的关心。我们这届学生都过而立之年，正是创业、立业的好时机，我们同学之间要加强联系，互学互勉，在事业成功之日要为母校的建设多作一点贡献。"学子丹心，尽在言中。

10时整，旅台校友彭湃波先生满面笑容登上讲台，他是专程回来参加校庆并为20位学生颁发"廖苾光美德奖学金"的。从1994年起，彭湃波先生为纪念廖苾光教授终身从事教育事业，为国家培育人才贡献毕生精力的功绩，决定每年拿出5 000元港币作为"廖苾光美德奖学金"。奖类设有：尊师奖、公德奖、诚实奖、俭朴奖、服务奖、体育奖、音乐奖等。当20位学生上台领奖金，彭湃波先生逐一与获奖者握手拍照时，全场响起经久不息的掌声。学习榜样树新风，东山精神代代传。

10时半，学校文艺队为校友、来宾表演了精彩节目。12时，校友来宾与师生共进午宴。下午进行"东山杯足球赛"，晚上举行电影晚会。又度过了一个欢乐的日子，将迎来更美好的明天。

（选自《东中校刊》复刊第十五期）

四海校友齐携手 共建东中新校园

——东山中学八三周年校庆纪实

陈向华

校园迎宾

“校园春意闹，来日果满枝。”4月1日上午8时，东中校园春意盎然，面貌为之一新。身着节日盛装的师生在校道两旁列队迎候嘉宾。

8时30分，泰国校友庆贺团一行5人、台湾地区校友庆贺团一行6人，在震耳欲聋的鞭炮、鼓乐声中步入校园，由迎上前去的学校领导陪同，穿过手捧鲜花、高擎彩旗的人群，拾级而上进入主会场——宪梓大礼堂。

8时40分，1941届的校友在邓添保老校长带领下健步来到母校。紧接着1940届校友10人、1995届校友6人，举着红旗，昂首阔步进入会场。随后1954届、1956届、1957届校友及1975、1976、1978、1979届同学会依次列队，迈着整齐的步伐，高擎红旗汇集校园。集体组团，列队回母校参加盛会成为今年校庆的一大特点。

奠基典礼

9时30分，五四楼旧址金狮起舞、锣鼓喧天，黎次珊教学指挥中心奠基典礼开始，由东山中学蓝世钊副校长主持奠基仪式。温绍权校长上前揭开奠基石红幕，随后由黎次珊先生委托其代表黎次谭先生率先举铲披土。接着市政府秘书长陈珍书、旅台校友彭淦波先生等一一上前披土。又一座现代化教学大楼在东中校园破土动工，它的建成将大大改善母校现代化教学设施，为实现现代化科学管理奠定基础。为母校首批进入千所示范学校创造必要条件。黎次珊先生热心捐资建校，又一次证明母校的每一个成绩、每一步发展都与校友热心助校的美德分不开。“四海校友齐携手，共建东中新校园”已成为海内外校友的共同心愿。

庆祝大会

9时30分，庆祝大会开始了。上级领导及来自国内外的校友、嘉宾、全体师生共1 000多人，欢聚在宪梓大礼堂，隆重举行东山中学建校八十三周年庆祝大会。张志经副校长一一介绍前来参加盛会的校友、来宾。首先，泰国校友庆贺团成员起立，向师生招手致意，全场报以热烈的掌声。接着台湾校友庆祝团成员起立，向师生招手致意，全场响起经久不息的掌声。印尼黎次珊先生的代表及亲属起立向师生致意，师生以热烈掌声答谢。接着全体师生用热烈掌声对到会的广州校友代表、1940届、1941届、1956届、1957届、1974届、1976届、1978届、1979届校友代表，表示感谢。10时，温绍权校长致词。他首先代表全体师生向前来参加盛会的校友、来宾表示热烈欢迎，衷心感谢上级领导、海内外校友、社会贤达一贯对东山中学的关心和支持，他说：“东中1993年首批被评为省一级学校，办学水平、教学质量均有显著提高。根据‘千所示范学校’评估条件，我们还存在一定差距，主要是待建和充实的硬件设施还有11个项目，缺资金近千万元。学校除积极争取政府拨款外，希望得到海内外校友和社会贤达的大力支持。”最后他说：“让我们一齐携起手来积极创造条件，共同为东山中学的美好未来而奋斗。”

10时20分，杨昭尊副校长宣读《东山中学关于筹备纪念叶剑英元帅诞辰一百周年活动的决定》，得到与会人士一致拥护、赞同。10时25分，市政府秘书长陈珍书同志讲话：他代表市委、市政府向东中师生表示热烈庆贺；向前来参加盛会的来自泰国等地的海内外嘉宾表示最热烈欢迎。他说：“东中建校83年来为祖国培养了大批建设人才，新中国成立后为教育事业作出卓著成绩。东山中学筹备纪念叶剑英元帅诞辰一百周年活动的决定，是一件很有意义的事，市委、市政府表示全力支持。希望海内外5万多东中学子携手同心，为母校多争荣誉，使东中再上台阶，顺利进入千所示范学校行列。祝东中前程似锦，再创辉煌。”

接着由泰国校友庆贺团向母校献上礼金9万元（港币）。泰国校友代表白志伟先生讲话。“大地回春气象新，东中校庆又来临。”他说：“东中建校八十三周年纪念日到来，旅泰校友十分高兴，我们20多位校友事先在泰国校友会聚集庆祝，大家热烈发言，畅谈当年求学情景，回忆母校老师教诲，使我们深深感到，没有母校老师悉心栽培，就没有我们今天的事业发展。母校恩情比天高比地厚。”到会校友热情捐款9万元（港币），作为献给母校八十三周年的礼金。祝母校年年桃李、岁岁芬芳。

随后由旅台校友涂佛庭先生讲话。他说：“我离开东中48年仍时时想念着母校，东中留下了我最美好的回忆。这里有我尊敬的师长、真诚的朋友、挚爱的同学。我人离母校，心系校园。”他还说：“我到过29个国家，有阳光的地方就有中国人，有阳光的地方就有东中校友；有海水的地方就有华侨，有华侨的地方就有了不起的东中学子。”最后他说：“我家有101岁的老母，饮水要思源，吃果要拜树头。我把为母亲祝寿的两万元（人民币）捐献给母校。（全场热烈鼓掌）祝母校校运昌隆、前途无量。”其爱校深情，溢于言表。

10时40分，彭淦波先生登台讲话，他首先恭贺黎次珊学长给母校八十三周年校庆献上的一份厚礼，并对黎次珊学长表示崇高敬意。他接着说：“最近我每年都回来参加校庆，是因为我不能忘记三情：乡情、友情、亲情。我鼓励在台校友回来参加校庆，关心母校建设。刚才温绍权校长讲了许多要办、要做的事。我们要发动校友大力帮助。让我们永远团结在一起，为母校建设多作贡献。祝母校进步，进步，再进步！祝母校发展、发展、再发展！”他热情洋溢的讲话，时时引得全场热烈掌声。10时50分由彭淦波先生颁发“廖苾光美德奖学金”。20位获奖者登台领奖，全场响起热烈掌声。

这时会场外纷纷传来好消息：叶华能先生捐资28万元为叶剑英元帅铸造铜像；杨钦欢先生为叶剑英元帅诞辰一百周年活动捐资50万元……一道道喜讯，一阵阵掌声把大会推向高潮。

文艺表演

11时，大会舞台播出悠扬的乐曲，东中文艺队给到会校友、来宾表演节目。高一（6）班罗立昱同学一首《我爱五指山，我爱万泉河》的独唱，声情并茂，博得观众好评。初中两位女同学表演的双人舞《奴哇》，动作利索、节奏分明、舞姿优美，引得观众阵阵喝彩。一位旅台校友赞口不绝地说：“东中文艺队演出水平高。《奴哇》双人舞跳得真好，一点也不比台湾少数民族跳得差。”文艺表演至11时40分结束。

11时50分全体校友在宪梓大礼堂前合照留念。12时校友、来宾与师生共进午餐。下午海外校友在客都宾馆举行座谈会，共商母校发展大计。晚上举行电影晚会。东中校史又写下美好的一页。

1996年4月1日

（选自《东中校刊》复刊第十六期）

母校盛典日　校友尽欢颜

——东山中学八十四周年校庆暨叶剑英元帅诞辰一百周年纪念概况

陈向华

今天，东山中学校园一片欢腾，隆重举行庆祝建校八十四周年暨老校友叶剑英元帅诞辰一百周年纪念大会。国内外200多位嘉宾、校友在东中师生热烈的掌声中进入校园。来自台湾、香港等地区和来自毛里求斯、印尼等国的校友分别集体组成26个庆贺团回校参加庆典纪念活动。仰崇帅诞庆校寿，校友师生尽欢颜。

铜像揭幕　众人崇仰

上午9时，金狮起舞，鼓乐喧天，彩旗招展，欢声四起。校友林若、市委书记谢强华在热烈掌声中徐徐揭开屹立在东中校门广场中心的全身叶剑英铜像上的红幕，庄严伟岸的叶帅铜像在阳光下熠熠闪光，校友，师生以无限崇敬的心情，伫立瞻仰。叶帅革命一生、战斗一生，写下了无愧于人民的史诗。在东中校园竖立铜像，举办展览，让众人景仰，垂范百世，意义深长。

楼宇奠基　再立丰碑

9时半，旅外校友章生辉先生独资捐建的“章生辉文化楼”及台湾校友彭淦波先生独资捐建的“豪勉体育中心”举行隆重的奠基仪式。此两项工程的兴建，将大大改善母校的育人环境。学生开展课外文化活动及课余体育活动有了理想的场地，使母校顺利完成全部旧房改造计划。对母校培养跨世纪高素质的人才提供了必要物质基础。为争取首批进入千所示范学校创造了有利条件。

庆祝大会　佳话频传

上午10时，庆祝大会开始。温绍权校长代表学校向前来参加庆典活动的嘉宾、校友表示热烈欢迎，衷心感谢一贯关心、资助东山中学发展的校友及社会贤达。他特别提到彭淦波先生连续八年八次回母校参加校庆，为母校的建设做出了无私的奉献。这次又独资捐建“豪勉体育中心”，为母校运动场地提供完善设施。并为母校实现第八项大工程——“游泳池”而策划操心。会场响起热烈掌声，感谢彭淦波先生为母校奉献的爱心。随后彭淦波先生作了热情洋溢的讲话，并亲自颁发“廖苾光美德奖学金”。接着大会还举行了旅台校友杨照生先生昆仲设立的每年10万元杨齐生奖学基金及李奠雁、熊汉萍、李思汉设立的奖教、奖学金颁奖、捐赠仪式。还有国家一级作家程贤章设立的“困难学生资助金”捐赠仪式。他每年从稿酬中拿出4 000元作为资助两名品学兼优、家庭困难的学生从高一至高三的费用。一个个“兴学育人”的义举传为佳话，深受赞扬。

文艺演出　推陈出新

“校友爱校如爱家，校容校貌年年好，教学质量顶呱呱，学校越办越出色，众人共栽这朵花。”汤明哲、肖建兰一首即席五句板，赞扬了校友热爱母校的精神，拉开了文艺演出的帷幕。接着东山中学文艺演出队表演的《叶剑英成长组歌》格调高昂、造型独特，具体、生动地再现出叶剑英少年求学、立志报国、献身革命的感人形象。大型歌舞《春天的故事》，把大会推向高潮。半个小时的演出，表现出“继承先辈遗志，开创明天辉煌”的主题。内容真实，歌舞谐调，令人耳目一新。

学术讨论　为计深远

4月1日下午3时，学校小礼堂隆重举行“叶剑英与东山中学”学术研讨会。探讨一个伟大的革命者如何与一所学校有如此情结；探讨基础教育对造就领袖人物所起的作用；探讨有中国特色社会主义教育的规律。通过研讨，进一步缅怀叶帅的丰功伟绩，弘扬叶帅的教育思想，继承叶帅革命光荣传统，牢记叶帅谆谆教导，为把东山中学办成省内一流、国内先进的重点中学而不懈努力。

1997年4月1日

（选自《东中校刊》复刊第十七期）

彭淦波校友为母校三位新老校长的晋升，举办欢送、祝贺宴会

张 演

旅台校友彭淦波先生从台湾返抵梅县后，欣悉杨昭尊副校长接任东山中学校长职，温校长荣膺梅州市教育局局长，1984—1988年任东山中学校长、后调任梅州市教育局局长的罗传厚升任嘉应大学党委书记，为母校三位新老校长履新，彭淦波先生于7月5日在梅县客都宾馆举办盛大宴会，以表欢送、祝贺之情，被邀请参加宴会的有学校全体行政人员、校友会副会长及附城的校董们。席间，彭淦波先生发表了热情洋溢的欢送、祝贺词。罗书记、温局长、杨校长分别作了答谢讲话。宴会自始至终充满着祥和而又热烈的气氛，给与会者留下美好的回忆。

（选自《东中校刊》复刊第十七期）

满园春色一派喜气

——我校欢庆八十五华诞暨三项工程落成盛典

张伟勇

喜逢党的十五大宣布的“科教兴国”的盛世，东山中学迎来了建校八十五周年的校庆。

4月1日，丽日高照，校园彩旗飘扬，红联辉映，繁花竞放。六个巨大的氢气球系着长长的祝愿欢迎的锦带，悬浮在校园上空，好一派喜气洋洋的景象。

身穿清一色西装的教职工和手擎鲜花、气球的同学们，排着两列长长的队伍，从校门口一直延伸到大操场。他们在激动地等待、恭候着各级首长、海内外贵宾和各届校友庆贺团的光临，共庆我校八十五华诞暨三项工程落成。

8时30分，海内外各地校友校庆庆贺团到来了。海内外、历届校友组团回母校参加庆典活动的有旅印尼、旅泰国庆贺团，旅台校友庆贺团，广州、深圳、佛山校友庆贺团，高中1940届，1949届，1955届，1956届，1957届，1958届，1959届，1967届甲班，1968届甲班，初中1965届丙、丁班，高中1971届（4）班，1974届16班、17班，1975届二班，1979届校友庆贺团。

9时许，举行了三座大楼落成剪彩仪式。黎次珊先生伉俪捐建的“八五祝如纪念楼”，矗立在校园中心原“五四楼”的旧基上。深褐色的外墙，尖顶式的欧式建筑风格，在背后半圆形灰色的科学楼的衬托下，显得更加端庄严肃，这里将是办公大楼，学校的教学指挥中心。彭淦波先生捐建的“豪勉体育中心”在原第二宿舍的旧址上，紧依大操场，和学生宿舍连接，一起把大操场的一边围了起来。大操场的改建，跑道、看台改造的完成，加上“豪勉体育中心”设置的各种器械训练室，使学校的体育训练的场地更多、项目更齐全。章生辉先生伉俪捐建的“雪云纪念大楼”坐落在原“南康图书馆”的旧址上，五层建筑逐层递减，形成跃跃欲上、拔地而起之势，雪白的条砖外墙，天蓝色的玻璃窗，和旁边的“昆章科学大楼”相映成趣。三座大楼，三种风格，三种景观，大大改善了母校的育人环境。

10时，海内外嘉宾、校友500多人和一千多名师生云集宪梓大礼堂，礼堂内座无虚席，一片欢声笑语。今年校庆，市委、市政府高度重视，给校庆的各项准备工作做了周密的安排。在主席台前排就座的有：老学长、全国人大常委会委员曾宪梓、市委书记谢强华、广东省教育厅副厅长刘达中、市长陈善如、校友彭淦波、黎次珊、章生辉、市委副书记魏潘尧、涂麟清、东中校长杨昭尊。在主席台就座的还有：省、市、县区的有关领导：杨增培、何正拔、潘宏启、黄桂清、何万真、黄开龙、余玉德、李俊夫、张琰明、陈珍书、温绍权；海内外校友：李昆章、涂佛庭、罗活活、李国超、吴耀淼、刘清秀、何明、叶蕴青、古锦乔、沈兰芳、戴秋仁、汤建英。

庆典大会由张志经副校长主持。庆典大会奏响了雄壮的国歌后，东中文艺队男女队员，朗诵校庆欢迎词《热烈欢迎您，亲爱的校友，尊敬的嘉宾》！紧接着，杨昭尊校长致词，他首先代表全校教职工和同学向各位首长、贵宾和校友们表示热烈的欢迎和衷心的感谢。他深情地回顾了东山中学的成长发展史。他说："几十年来我校为祖国、为社会培养了一批又一批优秀人才，东山学子遍布海内外，各处都有建功立业的东山优秀学子，他们深得人们的好评。有些身居党、政、军或科研、企业、事业的要位，他们念念不忘母校，念念不忘东山精神，念念不忘为人类做出应有的贡献。我校能够取得这些成绩，为社会瞩目，享誉海内外，是各级党和政府领导关怀、支持、重视的结果；是全校教职工同心同德、群策群力、共同奋斗的结果；是海内外校友和社会各界人士一如既往地关心支持、鼎力相助的结果。

杨校长高度赞扬了曾宪梓博士及彭淦波先生、李昆章先生伉俪、黎次珊先生伉俪、章生辉先生伉俪及旅台湾等地校友、乡贤对我校做出的贡献。他强调说，今天落成剪彩的三座大楼，前几年落成的体艺楼、科学馆、电教楼、图书馆、教学楼、大礼堂、校友楼等，对改善办学条件、实现科学化管理、提高素质教育教学质量都将起到不可估量的作用。为此，他再一次代表全校师生向各位校友、贤达致敬。杨校长最后说："有各级党政的正确领导，有海内外校友和社会各界人士的支持帮助，有全校师生员工的共同努力，我校一定能再创辉煌！"

广东省教育厅刘达中副厅长在庆典大会上做了热情洋溢的讲话，他充分肯定和高度评价了东中历年来在各方面取得的成绩。他指出，东山中学是享誉海内外的一所中学，85年来的教育、教学实践形成了自己优良的校风、教风、学风，那就是可贵的东山精神。他希望海内外乡贤、校友、社会各界人士一如既往支持教育事业，使东山中学更上一层楼。

刘副厅长就如何全面贯彻素质教育的问题，作了导向性的指示。

随后，梅州市委书记谢强华同志讲话，他高度赞扬了东山中学在85年艰苦而又光辉的历程中形成的既有优良革命传统，又有勤教勤学的办学特色。培育和造就了叶剑英元帅等数以万计的优秀人才。既有为民族独立、人民解放和祖国富强做出卓越贡献的革命家、政治家、军事家，又有在科研、教育领域成就卓著、蜚声海内外的科学家、教育家；既有在世界各地艰苦奋斗创业有成的工商巨子，也有在不同岗位上默默无闻辛勤工作的社会主义新型劳动者。谢书记提议以热烈的掌声向上述为祖国的繁荣和人类社会进步奉献自己聪明才干的东山儿女，向历年来为培养和教育后代而无私奉献的老师们致以崇高的敬意！谢书记追忆了叶老帅为东山中学建校四十四周年的题词中提出："努力学习为满足社会主义革命和建设的需要，赶上先进科学的行列，不息自强。"寄语同学牢记叶老帅的嘱咐，长江后浪推前浪，一代更比一代强，为祖国现代化建设努力再努力，学习再学习！

当大会执行主席宣布三项工程的捐献仪式时，黎次珊校友、彭淦波校友、章生辉校友依次向母校敬献捐赠书，杨校长代表学校向曾宪梓、李昆章、彭淦波、黎次珊、章生辉校友颁发荣誉状，学生代表向上述各位献花。在庆典大会进入高潮之际，曾宪梓、彭淦波、黎次珊、章生辉四位校友作了生动、风趣、鼓舞人心的发言，多次博得经久不息的掌声。

东山八五庆华诞可谓三喜临门：一是八五华诞。二是三项工程落成。三是《东山丛书》之十《东山精神》、之十一《东山情愫》、之十二《赤道上溜走的青春》，这三部著作的作者：梁松老校长、高中1956届毕业同窗笔会、主编蓝凤翔、旅泰叶蕴青校友登上主席台向母校敬献著作书样。全场报以热烈的掌声，鼓乐齐鸣！大会高潮迭起，彭淦波先生代表旅台乡贤彭以豪捐献每年一万元人民币奖教金，代表旅台谢森中校友捐献每年五千元人民币奖教金，代表旅台曾联兴校友捐献每年五千元人民币奖教金。彭淦波先生颁发“廖苾光美德奖”奖金。

最后，大会主持人张志经副校长向嘉宾、校友们再一次致意时讲道：东山走过了85年的光辉历程，85年来既有鲜花铺路，也有荆棘阻途，但东山为国家培养和输送了大批人才，谱写了东中辉煌的历史，今天庆典大会的许多仪式从多个角度说明了这一点。今后我们肩负的任务更重大，我们相信，在十五大精神的鼓舞下，在邓小平理论的光辉指引下，在市委、市政府的亲切关怀下，在海内外乡贤、社会各界人士的支持下，在全校师生和历届校友共同努力下，东中一定能创造出更大辉煌！

大会在余兴的文艺节目表演后结束。晚上8时，广州校友庆贺团和印尼校友庆贺团一百多人加上学校师生共一千多人在宪梓大礼堂举行联欢晚会。旅台校友涂佛庭首先登台讲话、唱歌，博得热烈掌声，校友们纷纷上台向母校献上他们精心准备的节目。晚会高潮是印尼校友庆贺团向母校献上八层的生日蛋糕。李昆章、黎次珊、章生辉等校友上台点燃85支蜡烛，分切蛋糕，台上台下齐声高唱《祝你生日快乐》，群情激动。晚会最后在全体校友齐唱《歌唱祖国》的嘹亮歌声中结束。

（选自《东中校刊》复刊第十八期）

旅台湾校友庆祝母校八五校庆餐会纪略

江平成

为庆祝母校八十五周年，旅台东山中学校友会，于1998年3月20日中午，假台北市天成大饭店喜逢餐厅举办餐会。席开四大圆桌，参加餐会的50人当中，除母校先后期同学之外，还宴请来了多位热心赞助母校奖教、奖学金的嘉宾，由新任校友会理事长彭淦波先生主持接待。

借此一年一度的聚首机会，同学们纷纷相互问好，频频互祝珍重，畅谈昔日东山岌上、状元桥畔的愉快情景；校门前三棵雄伟的木棉树花，周溪清流之游泳，永不忘怀；与会各人，都感到十分愉快。特别值得记述的有如下几个感人场景：九六高龄的张炎元学长，当日适逢家有要事，且其夫人身体欠安住进医院，仍策杖到会。九七高龄的丘正欧学长，近年来不良于行，仍拄着拐杖参加。谢森中学长也设法摆脱另一重要宴会，匆匆赶来相聚。还有数位过去失联的同学，如魏骏兴、魏贵汉、杨一萍、罗芳源等也辗转得知消息前来。上述数例充分说明了同学之间的友爱真情，也十足表现了传统的东山精神。

另外值得一提的是，本次餐会的开支，全部由彭理事长淦波学长支付，并赠送其豪勉公司精美纪念品“镇纸”一方给与会校友和嘉宾。据知彭学长平日自奉菲薄，但其对公益事业所需的贡献，和朋友之间的交往酬应则表现至为慷慨。与会某学长席间调侃其为：有昔时梅县富翁张九祥太公布鞋搭（补）腰掌的节俭美德，也颇有战国时孟尝君门下食客三千的慷慨豪情，此一形容至为恰切。借此简报今年台湾校友会齐办庆祝校庆餐会盛况之余，特穿插此一花絮。

（选自《东中校刊》复刊第十八期）

三千桃李花烂漫　四海校友喜开颜

——东山中学八十六周年校庆纪实

董芳远

4月1日上午，东山园内一派节日的盛装：艳阳高照，暖意融融，彩旗飘扬，繁花竞放，红装绿裹，分外妖娆——好一个喜庆的日子。8时整，身着校服的教职工，手擎鲜花气球的同学们在校门两边列队，迎候嘉宾。8时半以后，来自印尼等国，来自台湾、香港等地的200多位校友、嘉宾，在鼓乐声和师生的热烈掌声中步入校园，由迎上前去的学校领导陪同，穿过夹道欢迎的人群，汇集在东山校园内。

纪念碑揭幕

9时整，东山岌上金狮起舞，锣鼓喧天，革命烈士纪念碑重修落成揭幕仪式开始。李宇光副校长主持揭幕仪式，市政协主席何万真及市供电局局长陈金荣上前揭开烈士塔上的红幕。随后，杨昭尊校长和烈士家属代表向烈士纪念碑敬献花篮。接着，原东中校长梁松发表了精短而又意味深长的讲话。他说要继承发扬革命烈士勇于牺牲、无私奉献的精神，继承叶剑英元帅、萧向荣将军的爱党爱国精神，响应贯彻江总书记提出的“三讲”要求，做光明正大的中国人，号召全校师生向千所示范、百所强校进军。最后，东中50多名新团员面向烈士纪念碑，高举右拳，用嘹亮的声音庄严宣誓入团。革命烈士前仆后继，东中学子继往开来。革命烈士的勇于献身精神将永远激励着一代又一代的东山人奋勇前进。

“大华楼”奠基

9时30分，举行了大华楼的奠基典礼。“大华楼”是由大华实业有限公司何中华总经理出资60万元建造的学生宿舍大楼。奠基典礼由蓝世钊副校长主持，何中华先生的兄长何秋华先生上前揭开奠基石上的红幕。随后由何秋华先生、彭湃波校友、何万真主席、肖迎宪女士等一一上前培土。大华楼的建造将大大改善东中学生的住宿条件，为学校首批进入千所示范学校创造必要条件。何中华先生的热心投资，再一次证明了母校的发展是与校友、校董、乡贤热心助校的美德分不开的。今后，在广大校友、校董、乡贤一如既往的热切帮助下，东山中学一定会在绚丽的蓝天下熠熠生辉。

庆祝大会

10时，海内外嘉宾、校友200多人和千余名师生云集在宪梓大礼堂，庆祝母校成立八十六周年。庆祝大会在雄壮的国歌声之后，由张志经副校长主持，他的讲话热情洋溢、激情澎湃，会场内一片欢腾。接着学校文艺队男女声对口、群口、朗诵：“让粤东明珠更璀璨。”

大会开始后，杨昭尊校长致词，他代表学校全体师生员工，向来自海内外的校友表示热烈的欢迎和衷心的感谢。他说，东山中学的发展凝聚着各级政府，海内外校友、侨胞、社会贤达的心力、智力、资力。并高度赞扬了何中华先生事业有成、不忘报效家乡的义举。杨校长在讲话中回顾了东中校友萧向荣将军一生的革命经历，赞扬了萧向荣将军爱国爱乡爱校的精神。他说，萧向荣将军虽然离开我们多年，但他的崇高品质和精神将永远激励我们前进。东山中学建校八十六周年校庆之日，东山中学首发《萧向荣诗词集》，以寄托对萧向荣校友的无限思念和崇仰之情。杨校长号召全体教职工，为在21世纪创全国千所示范高中，为建设21世纪的新东中而努力！

接着，梅州市李柏华副市长讲话。他高度评价了东中八十六年来的成绩，他说，八十六年的拼搏奋斗，东中已成为教育战线的一颗璀璨的明珠。他高度赞扬了东中校友为母校的发展做出的巨大贡献。希望东中能继续发扬优良传统，为科教兴国作出更大的努力。

随后，彭淦波先生讲话。彭先生说，他已是连续十一年参加母校校庆庆典活动了，他诙谐、幽默的讲话，博得师生们、来宾们、校友们热烈的掌声和赞赏的笑声。紧接着，萧向荣将军的女儿萧迎宪女士讲话。她先概述了东中八十六年来的办学成就，即为祖国培养了千千万万的人才；后回顾了其父亲萧向荣将军在东中就读时所受学校教育的深远影响。她说，东中精神伴随父亲一生，指引了他的革命道路。她衷心地感谢为出版《萧向荣诗词集》而付出辛勤劳动的东中校长、校友会、学校印刷厂和为诗集的出版提供赞助的彭淦波校友。

至此，已丽日中天，大会向“大华楼”捐资者何中华先生的兄长何秋华先生敬献花束，后举行校友彭淦波赠奖金仪式，并颁发了1998—1999学年度“廖苾光美德奖”。

庆祝大会在一组组的精彩歌舞节目表演后降下帷幕。

（选自《东中校刊》复刊第十九期）

东升旭日开新纪　山积薪火传后人

——东山中学八十七周年校庆纪实

姚勇文

在这千年交替的浩浩春光里，东山中学迎来了新千年校庆的大喜日子。4月1日上午，东山岌上旗红鼓闹，花笑人欢。身着节日盛装的老师和同学兴高采烈、喜气洋洋。他们手持鲜花和气球早早地汇集到校门口，迎候着前来参加八十七周年校庆的校友和嘉宾。8点30分开始，来自印尼、泰国等各地的海内外嘉宾300多人，在欢快的鼓乐声中，穿过夹道欢迎的人群步入校园，汇聚在东山园里。

“大华楼”落成，“中华楼”奠基

9时30分，“大华楼”竣工剪彩仪式开始。雄伟的大华楼上彩旗招展，喜联高悬，装饰得分外壮观。大华楼是由大华实业有限公司总经理何中华先生捐资建成的标准化学生宿舍，去年校庆奠基，历时一年工程告竣。剪彩仪式由李宇光副校长主持，在喧天的鼓乐声中，金狮欢舞，掌声雷动，全国人大常委会委员曾宪梓校友、大华实业有限公司总经理何中华先生，梅州市人民政府魏潘尧市长、梅州市委温华光副书记、军分区林锡明司令员、梅州市政协何万真主席、梅州市副市长陈卫平、梅县县长李俊夫校友、梅州市教育局局长温绍权，彭淦波、丘敬昌、章生辉、李昆章、吴耀淼、张炳炎、江平成、李思汉、谢英梓、李国超、罗活活、徐政订博士等校友、嘉宾剪开了喜庆吉祥的红绸布。紧接着举行“中华楼”奠基典礼。继捐建大华楼之后，何中华先生再兴义举，捐献80万元人民币兴建中华楼，亦作学生宿舍。何中华先生情倾学海，懿德仁风，令人深深敬佩！这再次证明东山中学的发展离不开广大校友和乡贤的热切关怀。奠基仪式上，曾宪梓、何中华、魏潘尧等嘉宾一一上前挥锹培土。

萧向荣将军玉雕像揭幕

9时45分，举行萧向荣将军玉雕像揭幕仪式。萧向荣是我军著名将领，是东山儿女的杰出代表，1955年被授予中将军衔，1959年曾回母校东中视察。萧将军玉雕像由校友胡昭奎上校捐资雕刻，其是萧将军戎马一生、热爱祖国、情系母校的光辉形象的写照。雕像坐落在宪梓教学楼和七十周年纪念大楼之间的广场上。中央军委原副主席张震和国防部原部长张爱萍分别为萧将军的雕像题词。张震的题词是“浩然正气冲霄汉，一代军魂赤子心”。张爱萍的题词是“忠诚革命，磊落一生”。

在热烈的掌声中，原萧将军秘书潘长禹同志和梅州军分区司令林锡明大校共同揭下雕像的红布，将军威武的仪容留在每一个人的心里。杨校长和萧将军的女儿女婿分别向雕像敬献花篮。将军的雕像在母校落座，必将激励东山儿女继往开来，再谱新章。

东山第一亭复修落帷

东山第一亭始建于1919年，因年久墙檐失修。去年重修，亭虽不大，却是当年东中学子读书休憩的好去处，留下了他们青春的足迹和深情记忆。重修后的东山第一亭精致玲珑，钟灵毓秀，镌刻建校初期三任校长事略和建校史略于其上。这为新一代东山儿女了解校史增开了一个窗口。

今天回母校参加第一亭揭幕典礼的校友中，有许多就是当年朝气勃发在亭中留连过的，而今，他们有的已是白发苍苍的老人。此时此刻，他们的心情该是多么地激动啊！校友代表1940届“焱社”的何明和1949届“春潮社”的李昆章上前揭幕。当亭额上的红帷缓缓落下时，亭内外响起一阵热烈的掌声。老校友何明、李昆章和叶国模、谢昌盛分别代表1940届、1949届、1960届向东山第一亭敬献花篮。

庆祝大会

10点30分，嘉宾和全校师生齐聚宪梓大礼堂，庆祝大会由张志经副校长主持。他首先宣读了叶选平、曾宪梓校友给母校校庆的题词和林若校友给母校师生的亲笔信及各地发来的贺信贺电。

庆祝大会在雄壮的国歌声中开幕。杨昭尊校长致词，他首先代表全校2 000多师生向与会嘉宾表示热烈的欢迎和诚挚的问候。他说：“建校87年来，学校不断发展壮大，学校的每一步发展都离不开各级领导的关心、各级部门的支持和各位校友乡贤的热切爱护。今天落成剪彩的大华楼、奠基的中华楼是青年实业家、乡贤何中华先生捐资140万元人民币兴建的。全校师生向他和所有支持东中发展的各界人士表示深深的敬意和谢意。今天揭幕的萧向荣将军雕像、复修的东山第一亭，既是珍贵的校史资料，又为学校进行爱国主义教育和优良传统教育新增了重要内容，它们必将激励东山儿女不断进取、奋发图强。今年出版的《彭精一先生纪念集》《萍踪浪迹》《悠悠学子情》等三部著作为《东山丛书》再添异彩，是我们重要的精神财富。在新千年里，东山中学一定要抓住新的机遇，励志图强，再创辉煌。”

梅州市副市长陈卫平随后讲话，她高度评价东山中学87年来走过的光辉历程。她说：“东山创办87年来，以治学严谨、校风淳朴、学风优良、人才辈出而享誉海内外，为梅州、为广东乃至全国的教育事业做出了突出贡献。”她勉励全校师生继续发扬优良传统，争做21世纪学校教育的表率，为祖国培养更多优秀的人才，为梅州的教育再添异彩。

曾宪梓校友向全校师生讲述了他数十年艰苦奋斗的经历，深情地向母校的栽培之恩表达感激之情。他说：“母校不仅教我知识，更教我怎样在社会上做个有用的人。我要用我的智慧、我的知识，去努力做个好人。”讲话中他谆谆告诫师生一定要做有理想的、全心全意为祖国效力的好人。殷殷之情，溢于言表。

何中华先生在讲话中盛赞东中的办学业绩，并表示将一如既往继续支持东中的建设和发展。随后，校董会聘请何中华先生为校董会名誉董事长，丘敬昌先生为董事，他们愉快地接受了鲜红的聘书。

随后来自北京的萧向荣将军的女儿萧荣讲话。她对东山中学的光荣传统给予了高度的评价，她为父亲能在东中的培育下成长为一名优秀的共产党员感到自豪。她说：“在父亲的母校树立父亲的雕像，让父亲又回到母校师生中间，这是纪念父亲的最有意义的形式，回北京后，我一定要把东山中学的深情和盛举转达给父亲所有的亲人和朋友。”

代表1940届校友讲话的广州校友会原会长何明女士热情洋溢，激情满怀。她说：“离开母校已整整60年了，当年意气风发的青年现在都已是白发苍苍的老人了，有的人现在连走路都较困难，但是我们同班20多位同学，凭着对母校的深情从四面八方回来了。”她深情地回忆了当年在校时的情形。时值抗日战争，同学们在母校的教导下、在东山精神的感召下成立“学抗会”，开展了如火如荼的抗日救亡工作：组织歌剧团、抗日宣传工作队，广泛深入社会为国家的命运而奔走。今天，将我们当年的学习生活情形介绍给年轻的同学们，就是要让同学们继承发扬东山精神，让“东山精神”的火炬代代相传。

章生辉校友代表印尼校友分会向全校师生致以节日的祝贺。他说印尼校友会也于今天晚上在雅加达市富丽华酒店为母校的华辰庆贺。他回顾了由于受印尼政治风暴影响，印尼校友会历经坎坷，但校友们用东山精神支撑自己不断奋进。多年来，印尼校友本着承前启后的精神，本着对母校的拳拳之心支持母校建设。章生辉、李昆章等校友还当即捐款设立“奖教奖学金”。

台湾校友江平成在讲话中说：“我今天是带着感恩的心情来的。”多年来，母校的东山精神一直激励着他的事业，他说：“东山精神最突出表现在同学间的友爱和母校对校友的凝聚力和向心力。”

同是来自台湾的东吴大学经济系主任徐政订博士是旅台校友徐流先生的公子。徐流先生两个月前仙逝，生前他曾多次表示要回母校看看。徐政订博士为了实现父亲的遗愿，专程前来参加先父母校的庆典，并与兄弟姐妹决定每年捐款两万元设立“徐流先生奖教奖学金”，盛谊隆情，让人感佩，亦可告慰徐流先生的在天之灵。

罗活活校友在大会上讲述了他们当年在东中求学的情形。她说：“在困难的环境下之所以能学有所成，靠的就是东山精神的激励。”她希望后来的东山学子能将东山精神更进一步发扬光大。她表示捐资20万元设立“特困生基金”。彭淦波学长在发言时高度赞扬《东中校刊》在全国同类学校中是少有的。在他的提议下，全场用热烈的掌声向校刊编委会的老师致敬。《东山丛书》新三卷的献礼仪式在大会上隆重举行。为纪念东中第五任校长彭精一先生而编辑出版的《彭精一先生纪念集》、台湾校友曾联兴先生所著的《萍踪浪迹》和高中1958届同学为纪念离校40年而征集编成的《悠悠学子情》等三部著作，由彭淦波先生、曾联兴先生的代表刘杰秀和梁锐成三位校友向母校杨校长作献礼仪式。

大会还举行了“廖苾光美德奖”的颁奖仪式。32位同学获此殊荣。彭淦波学长委托1940届同窗林默先生、李应声先生为他们颁奖。

大会结束时，已是丽日中天。所有来宾和全体教职工在大礼堂前合影，留下了美好的一刻以作永久的纪念。

（选自《东中校刊》复刊第二十期）

书院腾瑞气　桃李舞春风

——东山中学八十八周年校庆纪实

姚勇文

在新世纪的第一个春天里，母校东山中学迎来了建校八十八周年的喜庆日子。4月1日上午，惠风和畅，艳阳高照，东山园内喜气洋洋，身着节日盛装的师生排着整齐的队伍，早早地迎候着来自海内外的校友和嘉宾。连续十三次回母校参加校庆的彭淦波先生引领着台湾庆贺团又一次出现在夹道欢迎的人群中。9时，数百名嘉宾校友已齐聚校园。

中华楼剪彩

校庆的第一项活动是给中华楼剪彩。中华楼是东莞大华实业有限公司总经理何中华先生继去年捐资建成大华楼后，再慷慨捐资兴建的，供学生住宿之用，于去年4月1日奠基，历时一年完工。李宇光副校长主持剪彩仪式，何中华先生和市政府陈卫平副市长，市教育局温绍权局长，校董、校友彭淦波、丘敬昌、李甦仁、朱文澎、古光、温带鸿、邓频喜、黄威、何其政，杨昭尊校长等为大楼落成剪彩。随后，来宾们在杨校长等领导的陪同下参观了中华楼，只见每个房间都有配套的浴室、卫生间、小阳台，何中华先生对该楼的建设感到满意。大华、中华楼的建成，进一步改善了东中学生的住宿环境。中华先生热心教育的盛举，必将激励东中学子加倍地努力学习，将来更好地报效祖国。

庆祝大会

9时45分，庆祝大会开始，主持大会的张志经副校长在会上宣读了海内外校友会及国内大专院校东山学子发来的贺信贺电。

杨昭尊校长在大会上致词，代表全校师生向海内外校友嘉宾表示热烈的欢迎和衷心的感谢。他表示，学校建校88年来，能取得今天的成绩，离不开各级政府的支持，离不开师生员工的勤教勤学，更离不开广大校友乡贤的鼎力相助。各届校友为母校赢得了良好的社会声誉，他们事业有成不忘回报母校。刚刚剪彩的中华楼是何中华先生为我校捐建的第二栋宿舍楼，大大充实了学校硬件，功德无量。杨校长说："今年是我国十五计划的第一年，也是我校迎接全国示范高中评审的关键一年，学校工作将以此为契机，在今后的工作中找新思路、出新举措、求新成效，再创新的辉煌。学校还需进一步完善各种教学设施，建成一支高素质的教职员工队伍，坚持改革创新，全面实施素质教育，使各项工作再上一个新台阶。相信在各级领导的关怀下，在校友乡贤的支持下，在全体师生员工的共同努力下，我们的目标一定能实现。"

梅州市人民政府陈卫平副市长发表了热情洋溢的讲话。她说："88年的时光见证了东山中学发展的历程，东中的发展历程展示了客家地区崇文重教的良好风貌。88年来，东中有了很大的发展，为社会培养了不计其数的优秀人才，赢得了海内外的广泛赞誉。进入21世纪，把东山中学建设得更美好是我们义不容辞的责任，东山中学正面临着新的发展机遇，正向千所示范高中迈进，这还须得到广大校友乡贤一如既往的支持，以东中为龙头，争取早日把我市建设成教育强市，建成综合实力较为发达的山区市。”

接下来，何中华先生向学校捐赠中华楼使用授权书。他在讲话中说：“去年参加过东中的校庆，今日重来，觉得变化很大，东中不愧是一所名校，感谢东中为国家培养了那么多的优秀人才。相信在市委市政府的领导和师生的努力下，在社会各界的支持下，东山中学一定会胜利迈进‘千所示范高中’的行列。”何中华先生表示，愿意继续为东山中学的发展建设出力。

随后，老学长彭淦波先生讲话，他说：“自从1988年台湾开放回大陆政策以来，每年都要回母校看看，至今已回过多少次，已经忘记了。1940年东中毕业，此时若问他多少岁，也已经记不清了；但是，作为一名东山学子，却永远忘不了三样东西：母校门口的状元桥、状元桥畔的木棉树和整个东中校园布局呈现出来的‘U’字形。今天是母校八十八周年校庆。‘8’即是‘发’，这预示着母校发展正当其时，发展前途无量。每年的高考，东中都取得了好成绩，在此预祝母校年年都考出更加理想的成绩。”

李启光代表1941届校友在会上发言。他说：“此番回校，看到母校变化非常大，感到很高兴。他重点回忆了当年在东中读书时的生活情景，特别强调，在中学时代，老师中间很多优秀的共产党员就在他们心目中播下了革命的种子，帮助他们树立了远大的理想和坚定的信念。当初的理想和信念多年来一直激励着他们的学习和工作。”他说：“当时住校条件是相当简陋的，对比今天的优越环境，希望同学们能受到激励，努力学习，报效祖国，将来为社会主义事业做出更大的贡献。”

庆祝大会上还举行了1941届校友向母校赠书的隆重仪式，每年一度的“廖苾光美德奖”也在大会上颁发，彭淦波先生的代表罗源芳和廖苾光先生之子廖淦祥先生为获奖的44名同学颁奖。

植树活动

庆祝大会结束后，1941届校友代表到学校第一山头，举行了植树活动。第一山头是学校近年来重点开发的区域，东山中学烈士纪念碑、梅花园、环山公路等次第建成，山顶花园目前也已初具规模。在环山公路两侧，年过古稀的校友们神采奕奕，挥锹培土，一株株小树在他们的精心培植下站成了英姿飒爽的一排。这些小树的身上，寄托着栽种人的殷切期望，这难道不也正是东中学长对我们后来人的期望么！

庆祝活动结束后，来宾们和全校教职员工合影留念并共进午餐。

（选自《东中校刊》复刊第二十一期）

第六部分

校友会、校董会机构名单（部分）

东山中学第五届校友会理事会机构名单

名 誉 会 长：彭精一　丘克辉　李国瑶

名誉副会长：李世安　李奈西　胡明轩　李国超　廖胡今
邓频喜　廖　伟　何　明　谢兴济　谢兴强
谢文思　张明生　林　密　潘允中　刘　椝
刘筠谦　何凯宣　吴恭垣　潘炯华　张持平
叶振华　黄　华　李时清　谢健弘　任　钧
李志乔　罗炳权　巫正欧　张空凌　卢怀杰
刘锦庆　曾宪梓　曾海云　彭淦波　罗淡芳
饶占广　黎次珊　章生辉　李昆章　熊云开
曾辉青　曾敏灵　曾汉民　杨国昌　罗光华
叶蕴青　曾继勤　白志伟　林文海　刘汉兴
朱复翔　谢慎初　蔡幼奇　叶彬举

会　　　长：温绍权

常务副会长：张其标

副　会　长：罗传厚　蓝世钊　杨昭尊　张志经　张庆培
叶剑辉

秘　书　长：叶剑辉（兼）

常务理事（正副会长、秘书长为当然常务理事）：
蓝凤翔　杨卓生　杨宏中　杨志榛　陈汉祥
张　演　刘德华　林广生　罗浩仁　罗活活
黄建中　王玉球　温余蓉　赖可基

理　　事（按姓氏笔画为序）：
邓频喜　邓玩超　王玉球　王淦森　王启烈
王乃中　丘军林　丘立才　丘和明　丘惠秀

叶国植　叶联华　叶剑辉　叶碧瑶　叶钧祥
叶智彰　古建辉　古锦华　古锦乔　古星祥
田广杰　卢森文　刘　克　刘志安　刘国江
刘德华　刘寿华　刘汉忠　汤婉秀　汤标中
许江涌　池兴楠　朱文澎　李政祥　李英湖
李南星　李德礼　李镜明　李　丹　李石明
李兆杰　李怀光　李思道　李信章　李谷华
李少庭　杨卓生　杨宏中　李志榛　杨冀岳
李必乔　杨　林　杨仿生　陈汉祥　陈锡钏
陈淼华　陈悦文　陈维山　吴慧翘　吴媚秀
宋松盛　宋　琦　利文喜　邹志生　肖　刚
何维和　何锡全　张尚仁　张洪珊　张庆今
张士华　张裕昌　张桥新　张　演　张其标
张庆培　张新灵　罗传厚　罗田惠　罗浩仁
罗钦贤　罗　妙　罗炳权　林富钦　林孟光
林汝瑞　林广生　幸松民　郑　轼　范佑民
钟颖科　钟孔生　钟钊新　钟世铎　胡涌发
饶淦中　饶彬权　侯振权　徐佩旋　郭日开
郭昌义　凌宏城　梁琼和　梁增吉　黄建中
曾令锋　曾振权　温绍权　温　良　温余蓉
谢英梓　谢杰珍　游润三　彭　霖　赖普文
赖耕文　赖鲁良　赖可基　蓝凤翔　蓝万隆
蓝仕钊　廖沐真　廖江添　廖江联　廖　政
廖泰泉　廖坚芳　廖天仕　管韶华　潘容华

广东梅县东山中学

（选自《东中校刊》复刊第十三期）

东山中学新二届董事会机构名单

（1993年11月1日第二次会议通过，按姓氏笔画为序）

名誉董事长：	叶选平	田家炳	刘宇新	刘锦庆	刘汉兴
	孙城曾	陈云康	余国春	李仕琏	李昆章
	李国瑶	李信章	杨楠祥	林　若	张炎元
	罗光华	罗淡芳	罗桂祥	罗焕昌	饶占广
	饶耀武	姚美良	章生辉	黄　华	温仁才
	谢兴济	曾宪梓	彭精一	彭淦波	黎次珊
	潘焕昆	熊云开	熊远宾	熊德龙	廖　伟
名誉董事：	王梅华	丘士豪	丘福展	丘华淦	白志伟
	叶蕴青	古维新	古　骥	江富龙	李思汉
	李奠彦	李赞登	陈佑美	陈浩昌	陈爵盛
	吴德芳	吴锦生	宋新民	沈汝椒	肖崇文
	杨秉书	张柳样	张持平	罗乔芳	林清荣
	郑贵勋	房全宝	饶增元	钟奇可	汤建英
	郭庆福	涂佛庭	徐国治	黄志平	黄清隽
	黄源兴	黄福荣	梁坤祥	梁幼芳	梁联兴
	谢慎初	曾宪立	曾敏灵	曾继勤	曾辉青
	温彬祥	温带鸿	蔡幼琦	潘国亮	潘添仁
	潘乔芳	熊国存	熊国珍	熊桃昌	熊应源
董事长：	梁　松				
副董事长：	李甦仁	张庆培	张其标	姚　安	
常务董事：	邓添保	丘飞霞	叶锦城	叶剑辉	李甦仁

	李清祥	吴慧翘	张庆培	张其标	张漳乔
	梁　松	姚　安			
董　　事：	邓添保	丘飞霞	丘文元	丘建元	丘振基
	丘军林	卢尚昆	叶锦城	叶道新	叶剑辉
	刘俊文	李甦仁	李清祥	李德礼	吴迪仁
	吴荣盛	吴耀淼	吴慧翘	张庆培	张其标
	张其勇	张振新	张漳乔	罗传厚	罗　妙
	罗炳权	幸振仪	饶海伟	姚　安	钟琼琚
	徐　流	梁　松	梁琼和	曾季谨	谢耀文
	廖泰泉	熊庆明	潘容华		

（选自《东中校刊》复刊第十三期）

东山中学新三届董事会名单

（1996年12月20日，按姓氏笔画为序）

名誉董事长：叶选平　叶华能　田家炳　刘宇新　刘锦庆
刘汉兴　孙城曾　陈云康　余国春　李士琏
李昆章　李国瑶　李信章　杨楠祥　林　若
张炎元　罗光华　罗淡芳　罗焕昌　饶占广
饶耀武　赵鹏程　姚美良　章生辉　黄　华
黄桂清（女）　梁集祥　谢兴济　谢耀文
曾宪梓　彭淦波　熊云开　熊远宾　熊德龙
黎次珊　潘焕昆

董　事　长：梁　松

副董事长：李甦仁　张庆培　张其标　姚　安

常务董事：邓添保　丘飞霞　叶锦城　叶剑辉　叶道新
刘俊文　吴慧翘　张漳乔

董　　事：王梅华　丘福展　丘华淦　丘文元　丘建元
丘振基　丘仕杰　丘军林　白志伟　叶蕴青
叶文欣　叶隆才　叶干才　卢戊清（女）
古维新　古　骥　古如渊　江富龙
汤建英（女）　朱复翔　何　剑　李思汉
李奠雁　李赞登　李木盛　陈佑美　陈浩昌
陈爵盛　吴迪仁　吴荣盛　吴耀淼　吴瑞仁
吴锦生　吴德芳　宋新民　宋松盛　沈汝椒
沈兰芳（女）　肖崇文　杨照生　杨烈生

杨秉书	张柳梓	张炳炎	张义昌	张振新
张远明	张耀祥	张其勇	张抗祥	罗乔芳
罗传厚	罗　妙	罗炳权	林清荣	林伟强
郑贵勋	郑晓风	房全宝	饶海伟	饶增元
钟奇可	钟琼琚	唐如贤	郭庆福	涂佛庭
徐桂香	徐畅元	徐国治	徐　流	黄志平
黄清隽	黄源兴	黄福荣	梁坤祥	梁幼芳
梁联兴	梁琼和	谢森中	谢慎初	谢有慎
谢惠文	谢治文	曾宪立	曾宪钦	曾敏灵
曾继勤	曾辉青	曾季谨	温彬祥	温带鸿
蓝悦淼	蔡幼琦	潘国亮	潘添仁	潘容华
廖泰泉	熊国存	熊国珍	熊桃昌	熊庆明
熊庆源	熊宏水	熊汉萍		

（选自《东中校刊》复刊第十七期）

东山中学台湾校友分会理事会名单

名誉理事长：张炎元　丘正欧　廖英鸣　潘焕昆
　　　　　　谢森中　何　剑　李士琏
顾　　问：黄标章　钟应声　林荣祖　黄志平　宋新民
　　　　　李思汉　李奠雁　熊汉萍　涂佛庭　李盛华
理 事 长：彭湃波
理　　事：杨照生　温带鸿　刘建安　黄清隽　刘挺芳
　　　　　何力山　李满祥　黄明坚
总 干 事：黄清隽（兼）

（选自《东中校刊》复刊第十七期）

东山中学第七届校友会理事会机构名单

名誉会长：叶选平　林　若　曾宪梓

名誉副会长：李奈西　胡明轩　李国超　廖胡今　邓频喜
何　明　谢兴济　谢兴强　谢文思　张明生
林　密　潘允中　刘　椝　刘筠谦　何凯宣
吴恭垣　叶振华　黄　华　李时清　任　钧
罗炳权　巫正欧　张空凌　卢怀杰　曾海云
彭淦波　罗淡芳　饶占广　黎次珊　章生辉
李昆章　熊云开　曾辉青　曾敏灵　曾汉民
杨国昌　叶蕴青　白志伟　林文海　刘汉兴
朱复翔　谢慎初　蔡幼奇　叶彬举　李桢荪
廖沐真　李明经　罗传厚　温绍权　朱文澎
梁灿盛

会长：杨昭尊

常务副会长：张其标

副会长：蓝世钊　李宇光　张志经　张庆培　张　演
幸公达

秘书长：幸公达（兼）

常务理事（正副会长、秘书长为当然常务理事）：
杨卓生　杨宏中　杨志榛　陈百华　刘德华
林广生　黄建中　王玉球　温余蓉　丘燕玲
李定恺　彭增寿　幸　勇　侯建疆　熊惠珍
张建洋　杨志廉　梁锐成　肖敬军　陈金荣
梁　建　曾令锋　黎天震　杨　沁　吴建宏

理　　　事（按姓氏名笔画为序）：

邓频喜　邓玩超　王玉球　王湓淼　王启烈
王乃中　丘军林　丘立才　丘和明　丘惠秀
丘燕玲　叶国植　叶联华　叶剑辉　叶碧瑶
叶钧祥　叶智彰　古建辉　古锦华　古锦乔
古星祥　古启源　田广杰　卢森文　卢华泽
冯流祥　刘　克　刘志安　刘国扛　刘德华
刘寿华　刘汉忠　汤婉秀　汤标中　许江涌
池兴楠　朱文澎　李祯荪　李英湖　李南星
李德礼　李镜明　李　丹　李石明　李怀光
李思道　李信章　李谷华　李少庭　李定恺
李宇光　李明经　杨卓生　杨宏中　杨志榛
杨冀岳　杨必乔　杨　林　杨仿生　杨昭尊
杨　沁　杨志廉　陈锡钏　陈淼华　陈悦文
陈百华　陈维山　陈　飞　陈金荣　吴家华
吴慧翘　吴媚秀　吴建宏　宋　琦　邹志生
肖　刚　肖敬军　何维和　何锡全　张尚仁
张洪珊　张庆今　张士华　张裕昌　张振新
张　演　张其标　张庆培　张新灵　张建洋
罗传厚　罗钦贤　罗田惠　罗活活　罗炳权
林富钦　林孟光　林广生　幸松民　幸公达
幸　勇　郑　轼　范佑民　钟颖科　钟孔生
钟钊新　钟世铎　胡涌发　饶湓中　饶彬权
侯振权　侯建疆　徐佩旋　郭日开　郭昌义
凌宏城　梁琼和　梁增吉　梁灿盛　梁锐成
梁　建　黄建中　黄　铮　曾令锋　曾振权
温绍权　温　良　温余蓉　谢英梓　游润三

彭增寿　彭　霖　赖普文　赖耕文　赖鲁良
赖可基　赖新昌　蓝凤翔　蓝万隆　蓝世钊
廖沐真　廖江联　廖　政　廖景新　廖泰泉
廖坚芳　廖天仕　管韶华　潘容华　熊惠珍
黎天震

（选自《东中校刊》复刊第二十一期）